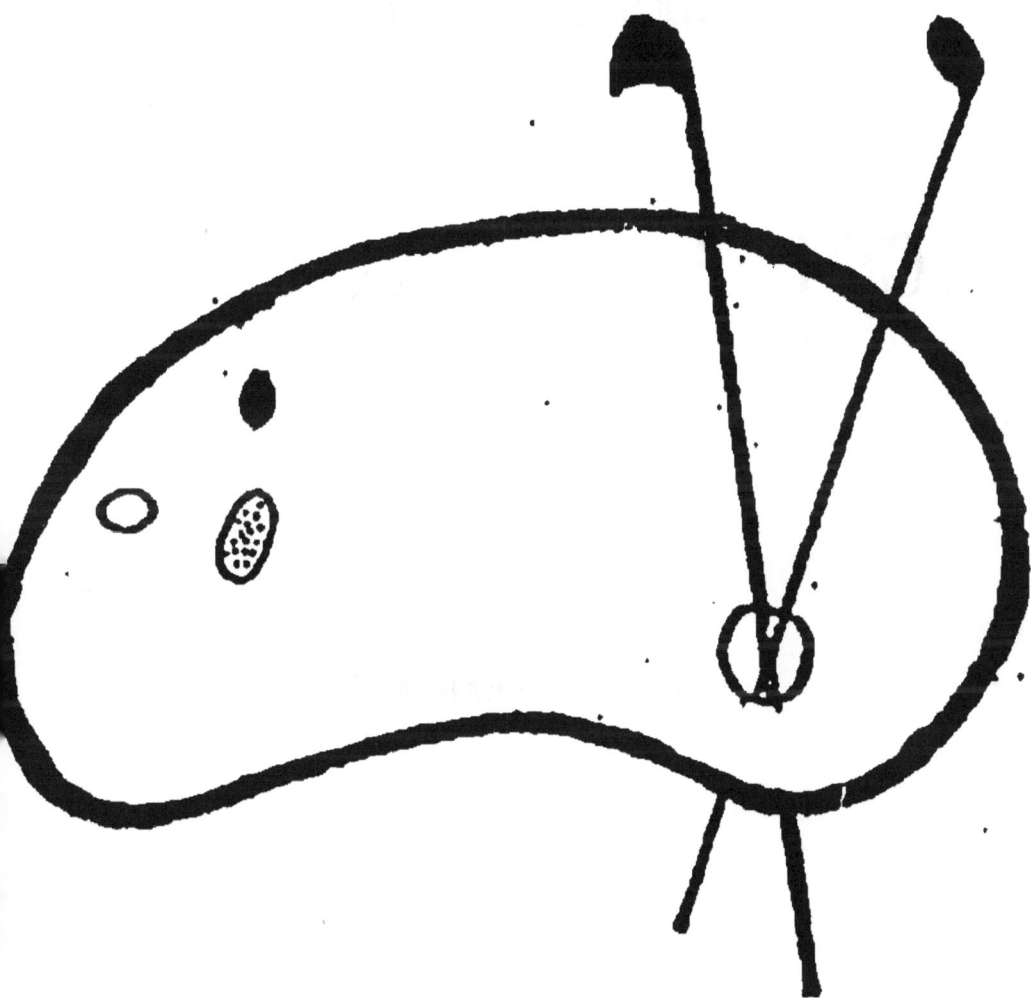

DEBUT D'UNE SERIE DE DOCUMENTS
EN COULEUR

LES JÉSUITES

AU

COLLÈGE D'AUTUN

1618—1763

PAR

ANATOLE DE CHARMASSE

AUTUN

DEJUSSIEU PÈRE ET FILS

IMPRIMEURS-ÉDITEURS

PARIS

HONORÉ CHAMPION, LIBRAIRE

15, QUAI MALAQUAIS

1884

PRO DEO ET SCIENTIA
1769

Autun. — Imp. Dejussieu.

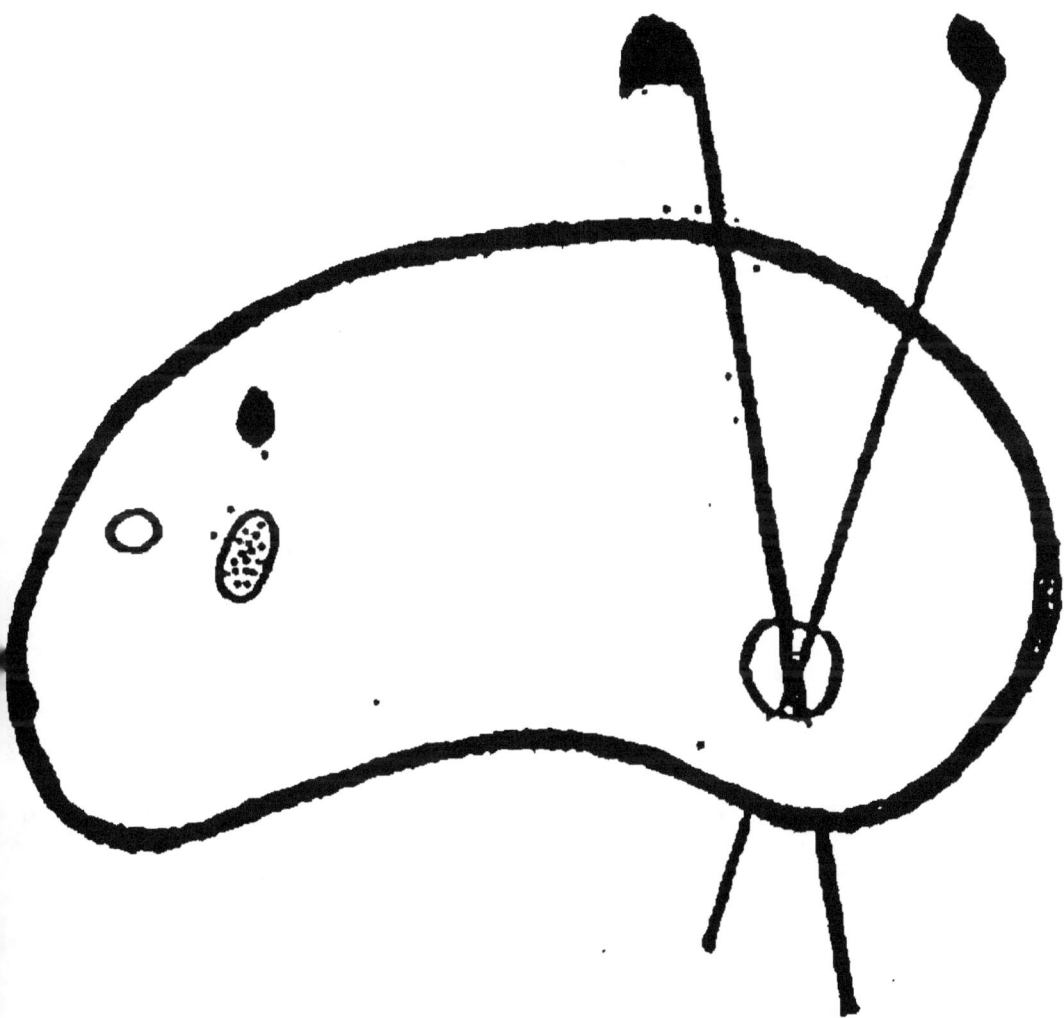

FIN D'UNE SERIE DE DOCUMENTS
EN COULEUR

LES JÉSUITES

AU COLLÈGE D'AUTUN

1618—1763.

Autun. — Imp. Dejussieu

LES JÉSUITES

AU

COLLÈGE D'AUTUN

1618—1763

PAR

ANATOLE DE CHARMASSE

———◆———

AUTUN

DEJUSSIEU PÈRE ET FILS

IMPRIMEURS ÉDITEURS

PARIS

HONORÉ CHAMPION, LIBRAIRE

15, QUAI MALAQUAIS

1884

EXTRAIT DES MÉMOIRES DE LA SOCIÉTÉ ÉDUENNE
TOME XIII (NOUVELLE SÉRIE).

LES JÉSUITES

AU COLLÈGE D'AUTUN

1618 — 1763.

Jusqu'à la fin du seizième siècle, l'instruction secondaire en France était presque partout entre les mains de l'industrie privée qui l'exerçait avec le concours et sous le contrôle intermittent, irrégulier, souvent litigieux, de certains corps ecclésiastiques et séculiers. Sauf dans quelques grandes villes où, grâce à d'anciennes fondations particulières, les collèges avaient pu s'établir à l'ombre des universités, compter des maîtres illustres ou tout au moins suffisants et acquérir une renommée souvent méritée, partout ailleurs elle se trouvait au pouvoir de gradués sans grande responsabilité, qui, à la suite d'un traité passé avec les villes et les chapitres, prenaient en main la direction de l'enseignement pour un temps déterminé, généralement assez court, et qui excédait rarement six ans.

Les collèges qui devaient l'existence aux fondations privées, emprisonnés dans des règlements dont les plus récents remontaient au quatorzième siècle, se trouvaient impuissants à satisfaire les besoins nouveaux que la Renaissance avait fait naître et que leurs fondateurs n'avaient pas prévus. Alors que partout autour d'eux l'esprit humain avait pris des ailes, eux seuls continuaient à ramper dans les mêmes sentiers en

1

récitant les mêmes formules : au sein d'une société rajeunie et de moins en moins disposée à les entendre, ils présentaient l'image d'une incurable décrépitude.

S'ils périssaient ainsi par l'excès d'une réglementation surannée, les autres, abandonnés à une liberté stérile sinon nuisible aux études, voyaient l'enseignement, les méthodes et la discipline changer avec des maîtres qui se succédaient incessamment, sans qu'aucune autorité supérieure pût faire prévaloir certaines traditions comme un remède à cette rapide succession de personnes et de direction.

Dans quelques-uns donc, une immobilité qui ne pouvait se prêter au mouvement universel et incessant des esprits ; dans le plus grand nombre, une instabilité qui compromettait à la fois les études et la discipline. Des deux côtés, une égale impuissance à satisfaire ce goût plus vif et plus général pour l'instruction que la Renaissance avait contribué à répandre.

A ces causes de défaillance, il convient d'ajouter cette longue durée des guerres civiles pendant lesquelles tout était allé à une dérive générale. Les études s'étaient particulièrement ressenties de ce tumulte prolongé des luttes politiques et religieuses et de ces querelles des partis. Pendant quarante ans la France avait cessé d'être élevée. Écoutons sur ce point la parole autorisée de M. Poirson : « Quand Henri IV rentra dans Paris, il trouva tout l'enseignement secondaire et supérieur anéanti par le gouvernement de la Ligue et par l'effet de la guerre qu'elle avait si longuement entretenue dans le royaume. Les élèves avaient fui les collèges ou en avaient été expulsés ; les classes de ces établissements envahies par la soldatesque avaient été transformées en corps de garde, ou étaient devenues la retraite des paysans et de leurs troupeaux, chassés de la campagne pendant le siège de Paris et le long blocus qui avait suivi ce siège : les professeurs, au lieu de donner leurs leçons, avaient été contraints par les gouverneurs à monter la garde et à faire le guet. Les cours des lecteurs ou professeurs royaux, qui formaient en grande partie l'enseignement supérieur, avaient cessé, et sur quatorze de ces professeurs qui auraient dû être en exercice, cinq au plus se trouvaient à Paris au moment de la reddition de la ville. C'était un enseignement à rétablir presque de fond en comble[1]. » Si la situation était telle à Paris, où les moyens de réparation sont plus faciles et plus abondants que partout ailleurs, quelle devait-elle être au fond des provinces où la désorganisation est plus rapide et plus profonde, la restauration plus lente et plus difficile?

Quel pouvait être le remède? Quel instrument employer au rétablissement des études? D'une part, l'ancien régime scolaire anéanti et qu'il ne fallait pas songer à ressusciter ; d'autre part, l'État qui n'était nullement préparé à une pareille œuvre et qui ne pouvait ajouter le fardeau de l'enseignement aux charges de toute sorte que la guerre civile lui avait laissées et sous lesquelles il était près de succomber. Le besoin du moment était celui d'écoles également ouvertes à la règle et au mouvement et susceptibles de se prêter à la fois aux principes fixes dont se compose l'éducation et aux diverses connaissances que réclament les générations successives.

L'institut des Jésuites, qui avait eu la Renaissance pour berceau et qui avait déjà fait ses preuves, se présentait à point pour recueillir cette succession en deshérence, pour répondre aux besoins nouveaux et concilier cette autorité forte et cette mobilité salutaire, ce principat et cette liberté dont l'union, précédemment inconnue, n'est pas moins nécessaire à faire régner et n'est pas moins difficile à obtenir dans l'éducation de la jeunesse que dans le gouvernement des États.

Une des tâches sociales de l'institut monastique avait été,

---

1. Poirson, *Histoire du règne de Henri IV*, t. III, p. 756.

au moyen âge, de restituer à l'agriculture les campagnes désertes que, dans sa chute, l'empire avait abandonnées à l'envahissement des barbares et des forêts, et d'attacher à ce sol défriché et fertilisé les populations que l'invasion avait rendues errantes et dispersées. De même, au dix-septième siècle, la tâche sociale des Jésuites fut de rendre à l'étude, au travail, aux bonnes mœurs et à la France des générations que cinquante ans de guerres civiles avaient détournées de toute discipline intellectuelle et morale. C'est ce que comprit Henri IV, qui voyait de loin et dont l'esprit, ferme et large, s'élevait si fort au-dessus de ses contemporains, quand, malgré l'opposition et les préjugés de ses conseillers, il rétablit les Jésuites [1] à qui il devait, quelques années plus tard, confier son cœur, comme aux plus dignes de recevoir ce précieux dépôt et à ceux qui avaient avec lui le mieux compris et le mieux satisfait les besoins de la France nouvelle. Pour seconder les grands desseins que son génie avait conçus, il fallait des générations formées à la discipline et au travail, et nul ne lui parut plus propre que l'institut des Jésuites pour donner à l'éducation de la jeunesse une telle direction.

Le résultat ne trompa pas ses espérances. A la renaissance toute païenne que l'Italie avait connue au seizième siècle, succéda en France au dix-septième, une renaissance toute chrétienne et française dont les Jésuites furent avec saint Vincent de Paul, avec M. de Bérulle et avec M. Ollier, le principal et le plus actif instrument, au point que, depuis Corneille, élevé dans leur maison de Rouen en 1618, et Molière dans leur collège de Clermont, à Paris, en 1640, on peut dire que presque tout le siècle de Louis XIV est sorti de leurs mains.

L'éducation donnée par les Jésuites ne consistait pas à s'adresser *à l'homme* en général, c'est-à-dire à un être abstrait

1. Par lettres patentes du mois de septembre 1603, vérifiées et enregistrées au parlement de Paris le 2 janvier 1604.

et idéal, susceptible d'entendre un seul et unique langage, mais *à des hommes,* à des êtres divers et très différents. Leur grand art était d'abord de développer les qualités natives de chaque race, et non pas de faire des Allemands avec des Français, comme certains idéologues tentent de le faire aujourd'hui; et ensuite de cultiver les aptitudes de chaque individu. C'était en quelque sorte une éducation particulière dans une éducation générale : système bien supérieur à l'application du même régime à toutes les races, à tous les caractères et à toutes les intelligences; bien supérieur surtout à ce régime de réformes hâtives et confuses, aussitôt abandonnées qu'entreprises, susceptible d'aboutir, sinon à la perte totale, au moins à l'affaiblissement déjà sensible de l'esprit national.

A cette intelligence des aptitudes et des besoins de chaque race et de chaque individu, s'ajoutait une discipline tempérée par l'affection et qui s'établissait d'autant plus facilement parmi les écoliers qu'elle régnait d'abord parmi les maîtres. Grand exemple, quand ceux qui sont appelés au commandement sont aussi appelés à l'obéissance et fournissent eux-mêmes le modèle des vertus qu'ils enseignent.

Les Jésuites n'eurent pas moins de supériorité dans l'instruction que dans l'éducation. Les premiers, ils comprirent l'action que l'étude des chefs-d'œuvre de la littérature antique pouvait avoir sur la formation de l'esprit et, dans leurs écoles, la lecture, la traduction, le commentaire et l'imitation des auteurs grecs et latins, devenus ainsi *les classiques,* formèrent et sont restés la base de l'enseignement. A ce commerce avec les écrivains de l'antiquité, l'esprit français a acquis une netteté dans la forme, une justesse dans l'expression de la pensée, une fermeté d'allure qui l'ont toujours distingué. Il est resté l'élève des classiques et il ne s'en affranchit quelquefois que pour mieux retomber ensuite sous le charme et reprendre bien vite le chemin de cette maison paternelle où il a grandi.

Comme l'éducation, l'instruction avait quelque chose de vivant et d'animé. Dans les classes, le précepte est immédiatement mis en pratique et la voix de l'écolier se fait entendre autant et plus que celle du maître. Chaque exercice est une composition, une lutte qui s'établit et dans laquelle le vainqueur prend la place et le rang du vaincu. L'élève de la décurie supérieure, qui récite, est repris, sans livre, par l'élève de la décurie inférieure qui cherche à prendre son camarade en défaut de mémoire pour le supplanter. Même combat pour l'explication des auteurs. Dans la correction du devoir, les écoliers relèvent les fautes de style ou de traduction qui ont été commises et chacun devient maître à son tour. Dans la lecture à haute voix des auteurs, chaque écolier est successivement appelé à faire la critique grammaticale ou littéraire, critique que ses camarades peuvent reprendre et critiquer eux-mêmes, s'il y a lieu[1]. Par ces moyens, l'attention est toujours tenue en éveil, l'émulation entretenue et l'intérêt sans cesse soutenu et excité et, avec tout cela, un entrain et une gaieté qui ne laissent aucune place à la lassitude ou à l'ennui. C'est ainsi que le concours d'un institut fort presque en naissant, discipliné au point de prévenir toute défaillance et toute cause de relâchement, ouvert aux méthodes nouvelles, préparait à l'enseignement en France une renaissance telle que peu d'époques en ont connu une semblable.

Autun eut aussi sa part dans cette renaissance et, à dire vrai, nulle ville n'en avait plus grand besoin parce que nulle part la décadence des études n'avait été plus profonde. Mais avant d'exposer les circonstances qui favorisèrent l'établissement des Jésuites à Autun, il y a lieu de faire connaître la situation dans laquelle se trouvait l'enseignement à la fin du seizième siècle et dans les premières années du suivant.

1. V. le *Ratio discendi et docendi* du P. Jouvency.

I

A Autun, comme à Paris et dans plusieurs autres villes, l'institution du recteur des écoles appartenait au grand chantre par suite de l'origine de la plupart de ces écoles où l'enseignement du chant avait été longtemps prépondérant et se confondait avec celui des lettres humaines.

En 1538, le Chapitre conféra l'habit d'église avec les avantages qui y étaient attachés, « au maitre qui enseignait la grammaire aux enfants d'aube, habitués et autres de l'église, lequel maitre l'étoit aussy des écolles de la ville [1].» En 1554, il tint pour présent pour un an, un chanoine « à condition qu'il feroit son devoir de faire lecture es escolles de la ville dont il étoit chargé et qu'il assisteroit seulement chaque jour à l'une des heures canoniales [2].» Ainsi, avant l'ordonnance d'Orléans, dont il sera question plus loin, le Chapitre prenait part à l'enseignement, tant par le droit de nomination qui appartenait au grand chantre [3], que par les avantages qu'il accordait aux recteurs d'école.

Pendant tout le moyen âge et jusqu'en 1643, cette école ne cessa pas d'être établie dans une maison de la rue Saint-Christophe, désignée sous le nom de « la grant maison Saint-Christophe ou la grant maison de l'escole [4]. » Cette maison appartenait aux religieuses de l'abbaye de Saint-Andoche

1. *Mémoire ms. concernant la prébende préceptoriale.* Arch. de la ville d'Autun, F. du collège.
2. Id.
3. Un savant canoniste, René Chopin, a signalé ce droit d'instituer les recteurs d'école, qui appartenait au grand chantre : « Heduorum tamen id matrici ecclesiæ peculiare est, ut ejus *cantor* scolas civitatis diocesisque moderetur, ipsosque distribuat juvenum rectoribus pro arbitratu, id quod Oldradus percensuit in foro romano causarum patronus, quo tempore Johanna XXII summum gerebat pontificatum. » (Renat. Chopin, *De sacra polit.* lib. I, tit. III, n° 15.)
4. *Terrier ms. de Saint-Andoche,* de 1453, fol. XIX. (Arch. dép. de Saône-et-Loire, F. de l'abbaye de Saint-Andoche d'Autun.)

d'Autun, en vertu de la donation qui leur avait été faite au quatorzième siècle par messire Gui Baraut, de Blancey, recteur de l'église paroissiale de Notre-Dame du Châtel d'Autun, et par son frère, Thomas Baraut, curé de Curgy. En 1453, l'abbesse de Saint-Andoche, Marie de Vienne, céda les revenus de cette maison à Jacote « sa mère nourrice », pour en jouir sa vie durant. Après elle, les religieuses vendirent cette maison, en 1459, à Huguenin de Montgachot, notaire, au prix de cent sols tournois de rente [1]. Le nouveau possesseur la revendit, par acte du 4 janvier 1463, à Jehan Chamard, clerc, châtelain de Chaseul. Enfin, par acte du 7 avril 1526, Guyot Chamard, écuyer, seigneur de la Chapelle, vendit, au prix de 200 livres, « la maison du grand Saint-Christofle en laquelle *d'ancienneté* l'on tient l'escolle audit Ostun [2] » à Claude Charbonnier, maître aux arts, recteur des écoles d'Autun, qui la transmit avec ses fonctions à ses successeurs.

Au nombre des recteurs de l'école d'Autun, nous trouvons Guillaume en 1251, Étienne de Veset en 1284, Jean Lefils en 1318, Jean Moingin en 1370 [3], maître Jacques Pigenat en 1515 [4], Claude Charbonnier en 1526, Jehan Pelletier, maître es arts, en 1534. » [5]

L'article 9 de l'ordonnance de réformation, donnée à Orléans en 1561, imposait aux églises cathédrales l'obligation d'affecter le revenu d'une prébende au traitement d'un recteur d'école tenu d'instruire gratuitement les enfants de

---

1. Arch. de la ville d'Autun, F. du collège.

2. Id.

3. Voir sur l'école d'Autun au moyen âge notre *État de l'instruction primaire dans l'ancien diocèse d'Autun*, 2ᵉ édit. p. 10 et suiv.

4. *Manuel des rentes du Chapitre d'Autun* pour 1514-1515, fol. 31. (Arch. dép. de Saône-et-Loire, F. du Chapitre d'Autun.

5. Jehan Pelletier appartenait à la famille de ce nom, originaire de Réglois près d'Alligny (Nièvre), dont deux membres, Jehan et Vincent Pelletier, furent affranchis le 9 mars 1533, par Jehan Lombard, seigneur de Réglois et de Millery, tant en son nom qu'en celui de George Lombart, son frère, et de Guillemette, sa sœur. (*Protocoles de Jehan Desplaces, notaire à Autun*, fol. 42 et 92. Arch. départ. de Saône-et-Loire.)

la ville et dont le choix appartiendrait à l'évêque, aux Chapitres et aux officiers municipaux. Le Chapitre d'Autun
se montra peu favorable à cette innovation qui s'attaquait
aux prérogatives qu'avait le grand chantre de pourvoir
seul à l'institution des recteurs d'école. Dans l'assemblée
capitulaire du 25 juin 1561, il manifesta sa première
opposition à l'ordonnance d'Orléans, en commettant « Mons.
le chantre *auquel seul l'institution des principal et regentz
des escholes de ceste cité d'Ostun appertient*, messieurs
de Grigny, prevost de Sussey, Landreul, scindic, et de la
Couldrée, leurs frères et conchanoynes, pour adviser avec
les officiers de la ville de pourveoir et donner ordre aux
escholles de lad. ville par les meilleurs moyens que l'on
pourra adviser. »[1]

L'évêque avait invité le Chapitre à se conformer aux ordres
du roi et à s'entendre avec les officiers municipaux sur la
question des écoles. Mis en demeure, dans la réunion du
28 janvier 1561 (n. st. 1562), « de la part de Mons. le révérent
evesque dudit Ostun, interpellant mesdicts sieurs de com-
mettre telz qu'il leur plaira de leur compaignie pour choisir
et eslire ung principal et maistre des escholles en ceste
ville, suyvant les ordonnances du Roy[2], » le Chapitre
ajourna sa décision à une délibération ultérieure. A la réunion du 30 janvier suivant, il signifia son opposition à
l'ordonnance d'Orléans, tout en se montrant disposé à continuer son concours à la rétribution du recteur des écoles :
« Ont commis messieurs Charvot, chantre, et Jehan Landreul, scindicq, leurs confrères et conchanoynes pour
remontrer au sieur révérend evesque et officiers de ceste
ville, tant au nom de leurdit Chapitre que dudict sieur chantre
que de tout temps et d'ancienneté appertient à Mons. le
chantre en leurdicte église le droict et auctorité de pourveoir,
instituer et destituer le maistre et precepteur des escholles

1. *Reg. capit.* fol. 308. B. de la Soc. Éduenne.
2. Id. fol. 352.

de cestedicte ville, duquel droict ledict sieur chantre a tousiours jouy et usé comme encore à présent en est en bonne possession ; ont aussi commis et députó messieurs de Grigny, prevost de Sussey, Hurault et Dubled, archidiacres de Beaulne et d'Avalon, et Landreul, scindic, leurs frères et conchanoynes, pour remonstrer aux dessusdicts les opposition et appellations formées tant en la court de parlement à Paris par le scindic général du clergé de France que par mesdicts sieurs à la court de parlement de Dijon à la publication desdictes ordonnances, tant pour le regard dudict article que aultres concernantz le faict dudict clergé, mesmes pour le faict de la prébende ou revenu d'icelle destiné au maistre desdictes escholles, et que pour ce faict n'a esté faicte encores aulcune ouverture ou poursuite es villes de France ; et neantmoins, mesdicts sieurs, pour le bon zèle et vouloir qu'ils ont au bien public et instruction des jeunes enfans, offrent, de leur grâce spéciale et libéralité, de contribuer de leurs biens pour l'entretenement dudict maistre et précepteur, dehuement choisy et esleu selon que par eulx sera cy après advisé et délibéré, le tout toutes foys sans advouher ny appreuver aulcunement le contenu esdicts articles desquelz ils sont opposans. » [1]

L'opposition du Chapitre n'avait pas eu pour effet de détourner l'évêque et les officiers municipaux de tenir la main à l'exécution de l'article de l'ordonnance d'Orléans, qui concernait les recteurs d'école. À la délibération du 13 février, les délégués que le Chapitre avait envoyés pour soutenir ses droits devant l'assemblée réunie à l'évêché le 5 du même mois, exposèrent « que, suyvant la commission de mesdicts sieurs, ils comparurent jeudy dernier en la maison épiscopale, par-devant monsieur le reverend evesque dudict Ostun, à l'assemblée y assignée, pour le faict de pourveoir aux escholles de ceste ville, à laquelle assemblée,

1. Reg. capit. fol. 352.

suyvant leurdicte commission ils avoient faict ou nom de
mesdicts sieurs toutes remonstrances pertinentes et necessaires, comme aussi avoit esté faict de la part de Mons. le
chantre et en son nom, nonobstant lesquelles remonstrances
ladicte assemblée auroit esté continuée à jeudy prochain,
en intention, comme l'on dict, de proceder par les officiers
de la ville à l'eslection d'ung recteur desdictes escholles,
pour après summer et interpeller mesdicts sieurs donner et
distribuer les fruictz d'une prebende de leurdicte eglise ou
la valeur d'icelle, par quoy requeroit mesdicts sieurs de
deliberer et adviser comme ilz entendent estre faict ou dict
affaire. Ont conclut et deliberé, attendu les remonstrances jà
par eulx faictes touchant l'opposition generalle du procureur
scindic du clergé de France à la publication des ordonnances
faictes par le Roy sur les remonstrances des Estatz de France
tenuz en la ville d'Orleans, aussi l'opposition particuliere de
mesdicts sieurs formée à la publication desdictes ordonnances au parlement à Dijon, et qu'il n'y a aulcune prebende
vacante en leurdicte eglise, de ne proceder à l'eslection
dudict recteur, commettans lesdicts sieurs de Grigny, Dubled
et Landreul pour comparoir à ladicte assemblée et reffres-
chir leurs susdictes remonstrances et offres jà par eulx cy
devant faictes. » [1]

Les instances des officiers municipaux à requérir au profit
du recteur des écoles la prébende que lui attribuait l'ordonnance d'Orléans, déterminèrent le Chapitre à tenter une
démarche plus décisive et à transporter la lutte sur un autre
théâtre. Ce fut de députer le grand chantre plaider sa propre
cause et celle de ses confrères « en court et illec remonstrer
au Roy nostre sire qu'il n'y a aulcune prebende presente-
ment vacante en leurdicte eglise ny depuis la publication
des ordonnances faictes sur les remonstrances des Estatz
dernierement tenuz en la ville d'Orleans, à la publication

1. *Reg. capit.* fol. 355.

desquelles ordonnances faictes au parlement à Dijon mesdits
sieurs ont esté receuz opposans pour le regard des articles
concernans leurdicte eglise, et mesmo pour la prebende ou
revenu d'icelle destinée pour le recteur des escholles de
ceste ville, ce que requierent et pretendent avoir les officiers, manans et habitans de ceste dicte ville [1]. » La raison
alléguée par le Chapitre était péremptoire : on ne pouvait en
effet priver un chanoine de sa prébende pour assurer l'exécution de l'ordonnance d'Orléans. Il fallait attendre que le
temps ait fait son œuvre et que la mort ait produit un vide.
Mais c'était le motif d'un simple ajournement dont la fin ne
laisserait au Chapitre aucune cause légitime d'opposition. Il
fallait donc attendre, et de fait on attendit assez longtemps.

La question de droit réservée, le Chapitre se montra plus
accommodant sur le terrain des faits. C'est ainsi que, par
délibération en date du 9 mars 1565, il accorda « à maistre
Gabriel Madier, principal et moderateur des escholles de
ceste ville, la somme de cinquante livres, laquelle de grace
speciale luy ont octroyée pour le debvoir qu'il faict de bien
et fidellement instruire et regir ses disciples, avec ses regens
et pedagogues, en la foy et soubz l'obeyssance de l'eglise
crestienne, catholicque et romaine, comme aussi en consideration des pertes et dommages qu'il a souffert l'année passée
pour raison de l'absence de ses pensionnaires s'estentz
retirez de ceste ville à cause des dangers de peste et pour
l'espoir aussi qu'ils ont dudict Madier de bien en mieux
continuer le debvoir de sa charge et administration. » [2]

Pendant ces querelles, la peste, qui sévissait à Autun en
1565, dispersa les maîtres et les écoliers qui se retirèrent à
la campagne où l'enseignement put être continué avec un
danger moindre que dans la ville, moyennant un supplément
de pension de cent sols tournois par an. A l'assemblée capitulaire du 21 août, Barthélemy Saulnier, chorial de l'église,

1. *Reg. capit.* fol. 357.
2. Id. vol. II, fol. 105.

sollicita et obtint d'être tenu pour présent et de conserver
sa part dans les distributions ordinaires pendant tout le
temps que durerait son absence et le Chapitre consentit
même à prendre à sa charge le supplément de pension exigé
par le principal du collège :

Sur la requeste de Bartholomy Saulnier, chorial en l'eglise, à ce
qu'il pleuct à Messieurs luy supplient souffrir jouyr et percepvoir les
distributions acoustumez à distribuer aux habituez et choriaux en
leurdicte eglise, attendu que pour raison des dangers les escholles
de ce lieu sont fermez et tout exercice des lettres cessé; sur ce, deue-
ment advertiz et certiorez que le principal et moderateur desdictes
escholles s'est retiré ez lieux prochains et circonvoysins avec partie
de sa jeunesse pour illec l'instruire et enseigner moyennant cent solz
tournois d'augmentation de leur pension pour ung an seullement,
luy ont enjoinct et ordonné de soy retirer promptement avec ledict
principal pour soubz iceluy vacquer à l'estude des bonnes lettres et
disciplines, et que moitié d'icelle augmentation par ration de temps
luy sera payée par mesdicts sieurs pendant que pour raison desdicts
dangers ledict principal sera absent, en satisfaisant au present acte,
comme dict est, aultrement la grace sera nulle, et du surplus quant
au paiement de sadicte pension luy seront deniers distribuez audict
effect comme il sera de besoing. [1]

Un an après cette dispersion, le collège était tellement
dépourvu de professeurs que Gabriel Madier fut contraint
de se rendre à Paris pour recruter le personnel nécessaire
à l'enseignement. A l'assemblée du 7 août 1566, le Chapitre
accorda au principal une somme de dix écus pour les frais
du voyage :

Sur la requeste par escrit de Mre Gabriel Madier principal et moderateur des escholles de ceste ville d'Ostun, tendent ad ce qu'il pleuct
à Messieurs luy eslargir quelque somme d'argent pour luy ayder à
faire ung voyage à Paris pour recouvrer regentz idoines et suffisantz
pour l'erudition et institution de la jeunesse, et à cest effect d'en rescripre à monsieur de la Fosse leur confrere estant le present audict
lieu : ont ordonné à moy souscript ledict secretaire d'en rescripre au

1. *Reg. capit.* fol. 157.

nom d'eux audit sieur de la Fosse, pour luy adresser regentz de la marque et qualité requise pour l'institution de la jeunesse, et [au cas] où il se treuvera defectueux et en necessité d'argent par de là de luy survenir jusques à la somme de dix escutz, et il en sera remboursé par mesdicts sieurs à son retour par de çà. [1]

A la fin du mois de septembre suivant, Gabriel Madier était de retour et se trouvait même en mesure de faire représenter par ses écoliers une tragédie dont le sujet et l'auteur nous sont malheureusement inconnus. Par délibération du 25 septembre 1566, le Chapitre autorisa un des jeunes choriaux à prendre part à cette action dramatique, sous la réserve cependant que le poème serait soumis à l'examen du grand chantre qui s'assurerait que le sujet ne contient rien de contraire aux convenances :

Sur la requeste de Bertholomy Saulnier, chorial en leur eglise, estudient de present au college de ceste ville, ad ce qu'il pleust à messieurs de luy permetre de jouer en certaine tragedie que leur principal veult exhiber et representer au peuple : ont permis et permettent ce qu'il requiert, après au préalable que monsieur le chantre aura veu le subject d'icelle, *auquel la superintendance appartient en ce faict*, et moyennant qu'au personnage qu'il representera aulcune chose indecente ne se treuvera. [2]

On voit encore par ce passage le prix que le Chapitre attachait à son droit sur l'institution du recteur des écoles et le soin qu'il mettait, en toute circonstance, à affirmer ses prérogatives à cet égard.

Cette sollicitude avait surtout pour objet, en ce moment, d'empêcher les progrès du protestantisme qui tentait d'ouvrir partout des écoles et qui s'efforçait de faire servir l'enseignement à la propagation de ses doctrines. Pas plus que les catholiques, les nouveaux réformés ne concevaient une école fermée à tout enseignement religieux, muette sur les grands problèmes de la destinée humaine, attachée à dégager la morale de toute pensée surnaturelle et de toute sanction, se

1. *Reg. capit.* fol. 281.
2. Id. fol. 295.

bornant, sous ce rapport, à quelques formules vagues, vouées à un oubli prochain. Les uns et les autres sentaient au contraire la nécessité de graver dans l'âme de l'enfant les maximes du christianisme assez profondément pour présenter une espérance d'efficacité et de durée. On ne peut donc être surpris que la question des écoles ait été un nouvel élément de lutte entre les deux confessions.

Dès 1564, Jacques Bretagne, l'un des chefs du parti réformé à Autun, avait obtenu du roi, alors de passage à Lyon, des lettres patentes conférant le titre de recteur des écoles de la ville à Antoine Destamples, avocat originaire d'Orléans, adepte zélé des doctrines nouvelles. En 1566, le parti protestant étant parvenu, par suite de ses progrès, à placer Jacques Bretagne à la tête de la magistrature municipale, il crut les circonstances favorables pour mettre en même temps la main sur l'enseignement public et pour donner comme soutien au vierg calviniste un recteur d'école appartenant à la réforme. Précisément à la même époque, une prébende devint vacante par la mort du chanoine Adam Chiquet : rien ne s'opposait plus à l'exécution de l'édit d'Orléans dont Bretagne s'empressa de réclamer l'accomplissement, dans l'espérance d'en faire profiter Antoine Destamples et son parti. Comme il n'était pas à croire que le Chapitre, si peu disposé à se départir de son ancienne opposition, consentit à conférer une prébende à un protestant, le nom d'Antoine Destamples fut laissé dans l'ombre et celui du recteur des écoles en fonction, Gabriel Madier, seul mis en avant, dans l'espérance qu'une fois la prébende conférée au recteur, le protestant supplanterait le catholique, grâce à l'appui des magistrats. Jacques Bretagne, accompagné des échevins et des procureurs syndics se présenta donc devant l'assemblée capitulaire le 6 octobre 1566, pour réclamer la collation de la prébende nouvellement vacante en faveur du recteur des écoles, conformément à l'édit d'Orléans :

Les an et jour que dessus, par devant mesdicts sieurs assemblez en leur chapitre pour pourveoir des prebende et chanoinie vacquantz par la mort de M⁏ᵉ Adam Chiquet, leur confrere, se sont retreuvez et presentez les vierg, eschevins et syndics de la ville dudict Ostun, à voix de M⁏ᵉ Jacques Bretagne, docteur ez droictz et vierg d'icelle ville, qui remonstre que le roy, par son ordonnance faicte à Orleans, auroit voulu, entre aultres choses, que le fruict de l'une des prebendes des eglises cathedrales seroit affecté à l'entretien d'ung precepteur institué au regime et instruction des enfantz des villes où seroient lesdictes eglises collegiales et cathedrales; que l'occasion s'estoit presentée et offerte par la vacation des prebendes et chanoinie dudict feu Chiquet, partant, requeroient, suivant le vouloir dudict sieur, pourveoir M⁏ᵉ Gabriel Madier, recteur institué dehument desdictes escholles, et luy assigner lesdicts fruicts d'icelle prebende, lesquelx doyen et chanoines, voix dudict sieur doyen, ont declaré que jà plusieurs requestes leurs avoient esté faictes des poursuivantz ladicte prebende et chanoinie, et que toutesfois ils vouloient et entendoient se reigler et conformer à la volonté du Roy, et que sur ce ilz en conferoient par ensemble, lesdicts de la ville estantz retirez : ce que fut faict incontinent en refreschissant les susdictes remonstrances, et interpellant de pourveoir ledict Madier des fruictz d'icelle prebende et chanoinie avec protestation au reffuz de ce faire d'en appeller, comme doiz à present ilz appelloient. [1]

Le Chapitre allait-il tomber dans le piège qui lui était tendu et conférer la prébende vacante à un recteur d'école destiné à disparaître bientôt et à céder la place à un adversaire de la foi catholique? On ne sait ce qui se serait passé et quelle résolution le Chapitre eût prise quand la précipitation d'Antoine Destamples vint tout à coup déjouer la ruse imaginée par les magistrats. A peine ceux-ci s'étaient-ils retirés, que Nicolas Bergier, sergent, mandataire d'Antoine Destamples, se présenta, « garny de quelques lettres royaulx dont il a voulu faire lecture. » [2]

Sur le refus des chanoines d'entendre cette lecture et à leur commandement fait au sergent de sortir immédiatement,

1. *Reg. capit.* fol. 298.
2. Id. ibid.

Antoine Destamples se présenta lui-même, « et en qualité
de recteur des escholles, comme il disoit, suivant la teneur
desdictes lettres patentes à luy octroyées pour estre pourveu
du revenu d'icelle prebende, dont il a faict ostension, a requis
estre pourveu des fruictz de ladicte prebende demandez et
pretendus par ledict Madier. »[1]

Il ne pouvait plus dès lors y avoir de doute sur l'issue de
cette affaire. C'est en vain que, quelques instants après, le
vierg et les échevins se présentèrent de nouveau devant le
Chapitre : le doyen leur répondit « qu'ilz avoient pourveu
desdictes prebende et chanoinie Mre Francoys Mangeard[2]. »
En effet, le Chapitre s'était empressé de mettre la question
aux voix et de députer deux de ses membres, Claude Lombard
et Claude Florant, pour aller quérir les suffrages de l'évêque
et des chanoines Estienne Cortolot et Pierre Tixier, absents,
« ce qu'ils ont faict en faveur de qui bon leur a semblé,
sçavoir lesdicts sieur reverend et Tixier, et non quant audict
Cortolot, dont acte a esté requis par lesdictz sieurs comme
à moy secretaire soubscript, du reffuz à eux fait de l'ouverture de sa maison, après avoir frappé à grandz coups par
trois diverses foys à sa porte, comme au semblable de ce
que s'y acheminantz ilz ont esté advertys par l'ung des freres
d'iceluy allant en ville, requis de les introduire, que ne
pourroient parler à luy à cause de son indisposition grande.»[3]

Gabriel Madier et les magistrats municipaux portèrent l'affaire de la prébende au parlement de Dijon[4], mais il entrait
moins dans l'intention du Chapitre de se soustraire à l'esprit
de l'ordonnance d'Orléans et à son devoir de rétribuer le
recteur des écoles que d'éluder l'obligation de conférer une
prébende à un particulier qui pouvait être un ennemi de la foi.
Il voulait bien subvenir aux frais de l'enseignement public,
mais à condition que l'enseignement ne serait pas contraire

1. *Reg. capit.* fol. 299.
2. Id. ibid.
3. Id. ibid.
4. Id. fol. 326, 331, 333.

à la doctrine catholique. Ces dispositions donnèrent lieu à un compromis, passé le 19 février 1567, par lequel le Chapitre s'engagea à payer chaque année, à dater du premier janvier précédent, la somme de 120 livres tournois par an, payable par quartiers, et cent livres pour les deniers prétendus par Gabriel Madier pour l'année 1566, « à la charge de bien et doucement instruire et faire enseigner les enfantz de ladicte ville *gratis et sans salaire*, suivant le vouloir du roy, en bonnes meurs et disciplines salutaires, et suivant la forme du serment par luy presté à l'institution à luy faicte [1]. » Cet accord fut ratifié à l'assemblée capitulaire du 25 février, non sans avoir été, de la part du grand chantre, l'objet d'une protestation justifiée sur ce que cet acte était « au prejudice de sa dignité cantoriale, auquel, à cause d'icelle, de temps immémorial, le pouvoir d'eslire et instituer aux escolles dudict Ostun luy compete et apportient. » [2]

Soutenu par le parti protestant, Antoine Destamples n'en continuait pas moins à tenir école publique, malgré sa déconvenue dans l'affaire de la prébende. Cet enseignement rival paraissait très incommode à Gabriel Madier qui résolut d'aller à la cour pour en réclamer la suppression. A cet effet, le Chapitre, qui s'intéressait à son école, lui accorda un secours pour subvenir aux frais du voyage, le 12 septembre 1567 :

Sur la requeste par escrit de Mre Gabriel Madier, principal et recteur des escholles d'Ostun, suppliant qu'il pleuct à Messieurs luy survenir de moyen et l'ayder de quelques deniers encores pour ceste foys, sans cy après y retourner, pour faire ung voyage en cour à ce d'obtenir moyen de faire imposer silence à Mre Antoine Destamples, son compétiteur, de ne plus exercer ny faire estat de tenir college : ont ordonné à Messieurs les commis à la garde des clefz de leur tresaur, pour en consideration de la poursuitte entreprinse par ledict suppliant et à ce de faire imposer silence à sondict competiteur, et non aultrement, luy delivrer la somme de vingt six livres tournois pour ceste foys. [3]

1. *Reg. capit.* fol. 336.
2. Id. ibid.
3. Id. fol. 403.

Le Chapitre ne se borna pas à donner un subside à Gabriel Madier. Il lui fournit aussi son appui, et par acte capitulaire du 19 septembre 1567, ordonna « que le sieur Darlay se joindra en la matiere appellatoire de Mre Gabriel Madier, principal des escholles, contre Mre Antoine Destamples au faict desdictes escholles pour la tuition du droict et auctorité que leur y compete à raison de la dignité cantoriale, devolue devant Messieurs de la chambre de la Tournelle à Dijon [1]. » Le maintien de l'orthodoxie dans l'enseignement du collège lui importait, en effet, d'autant plus que plusieurs jeunes chanoines suivaient les cours de cet établissement pour achever leur éducation. Malgré leur rang dans la hiérarchie ecclésiastique, ces tout jeunes gens se conduisaient souvent en véritables écoliers et étaient traités comme tels. En 1568, l'un d'eux, Odet Desmolins, ayant été averti par l'huissier de service que son devoir était de communier à l'occasion de la fête de l'Assomption, il avait répondu qu'il s'était acquitté de cette obligation à la grand'messe célébrée en l'église Saint-Nazaire. Le fait fut reconnu faux et, le 18 août suivant, le coupable fut condamné « à estre chastié et puny du *fouet* par son precepteur et regent, attendu le mensonge par luy allegué pour son excuse, ordonnant au syndic se transporter au college, ou son precepteur en advertir, pour la peine susdicte faire subir audict Desmolins [2]. » Qui s'étonnera que ces jeunes gens aient eu les défauts de leur âge plutôt que les qualités nécessaires à l'exercice d'une profession si peu faite pour eux? Cette présence des étudiants ecclésiastiques au collège et les pensions que l'église payait en leur faveur, en outre de la subvention fixe, justifient le devoir de surveillance et de contrôle que le Chapitre exerçait

---

1. *Reg. capit.* fol. 406.

Id. fol. 502. — Quelques mois après, ce même Desmolins reçut du Chapitre l'autorisation de quitter le collège d'Autun et « de s'acheminer à Paris, lorsque sa commodité se présentera pour, à la pension de cent livres ordonnée en faveur des jeunes chanoines de leurdicte eglise, vacquer à l'estude des bonnes lettres en resident en ung college fameux dont il envoyra ses testimoniale et attestation. » Id. fol. 557.

sur l'enseignement, ainsi qu'il résulte encore de la délibération suivante, du 18 janvier 1569 : « Ont commis, sur la remonstrance sur ce faicte par Monsieur le syndic de ceans, Messieurs Lombard archidiacre d'Avalon, Humbelot, Feaul, de la Fosse et ledict syndic, ceux de la ville et aultres qui pour ce seront à appeller, pour entendre et s'informer de la conduicte et regime du college de ceste ville [1]. » Cette vigilance était d'autant plus nécessaire que, malgré les arrêts du parlement, Antoine Destamples continuait à tenir école avec l'appui des officiers municipaux. Sa persévérance à cet égard fut encore l'objet des mesures prises par le Chapitre le 19 avril 1569 :

Ont commis messieurs Ferrand et de la Fosse, leurs confreres, pour entendre de Monsieur le vierg la permission que Mre Antoine Destamples dict luy avoir esté faicte par iceluy contre les arrests sur ce entrevenuz de tenir eschole et faire aulcung exercice d'enseigner la jeunesse, pour après sa response veue y pourveoir selon qu'il appertiendra. [2]

Bien que l'évêque, les magistrats municipaux et le Chapitre se fussent enfin mis d'accord pour procéder en commun à l'élection d'un recteur des écoles, conformément aux termes de l'édit d'Orléans, et que leur choix ait confirmé la situation de Gabriel Madier, cependant Antoine Destamples, soutenu par le parti réformé, ne désarmait pas. Il continuait à tenir école, à contester à son rival le droit d'enseigner et à lui créer des difficultés sans nombre. A bout de force et de ressources, Gabriel Madier pria les magistrats de prendre sa cause en main et de lui venir en aide. Cette question fut soumise, le 14 novembre 1570, à une assemblée générale des habitants où étaient Philibert Tixier, seigneur d'Ornée, vierg, Jehan Dechevanes, licencié en droit, Anthoine Rolet, Claude Berthault, Mathieu Humbelot, échevins, Nicolas Gorlet et Noël Guynot, procureurs syndics :

1. *Reg. capit.* fol. 531.
2. Id. fol. 560.

Par ledict sieur vierg a esté proposé que Monsieur Madier, principal
et recteur des escolles de ce lieu d'Ostun, leur avoit présenté requeste,
par laquelle il remonstroit que, puis la nomination et election faicte
de sa personne par Monsieur le reverend evesque de ce lieu d'Ostun,
Messieurs de l'eglise Sainct Ladre dudict Ostun et les habitans de
ladicte ville, il auroit souffert grandes pertes, tant pour raison des
danglers de peste et troubles qui ont regné cy devant, que à l'occasion
des empeschemens à luy donnés par Mre Anthoine Destamples, lequel
à ladicte charge l'auroit la plus part du temps tenu en procès, selon
que encorres pour le jourd'huy ledict Destamples faict en la court de
parlement à Dijon; requerant ad ce moyen, attendu ladicte nomination et election, que heussions à le faire jouyr de ladicte charge à luy
donnée et faire cesser les poursuyttes dudict Destamples; aultrement
qu'il luy est impossible de bonnement executer icelle, faire son proffict et entendre ausdicts procès que luy sont journellement intentés
par ledict Destamples... Sur quoy lesdicts habitans, après avoir con-
feré par ensemble, se sont resoluz unanimement que lesdicts sieur
reverend evesque et chappitre seront priez de deffendre leur election
et nomination de la personne dudict Madier à ladicte charge de prin-
cipauté et recteur du college de cedict lieu d'Ostun, et que avec iceulx
ou bien separement, se faire ne le veullent, le scindic de ladicte ville
par ledict Gorlet, leur procureur, fera toutes les poursuyttes que
seront requises et necessaires au proffict dudict Madier à l'encontre
dudict Destamples, aux fins de faire jouyr ledict Madier de ladicte
charge à luy donnée suyvant ladicte election faicte suyvant les edictz
du roy, et que pour ce faire sera payé pour une fois audict Madier la
somme de dix livres pour la poursuytte de ladicte cause, qui seront
prinses sur les deniers de ladicte ville. [1]

Quoique les péripéties de cette lutte entre les deux écoles
rivales nous soient imparfaitement connues, nous savons
seulement que le triomphe du parti de la Ligue à Autun eut
pour effet de faire prévaloir l'enseignement catholique qui
était conforme au vœu de l'immense majorité des habitants.
Débarrassé de cette rivalité, Gabriel Madier continua ses
fonctions de principal du collège qu'il remplissait encore en
1572, ainsi qu'il résulte du mandement de 260 livres qui lui

1. Reg. des délib. de la chambre de ville d'Autun, vol. III, fol. 89. Arch. de
la ville d'Autun.

fut accordé à cette époque par le Chapitre pour vingt-cinq mois d'exercice de sa charge, du 1er avril 1570 au 30 avril 1572 (¹). Quant à Antoine Destamples, il ne lâcha sans doute pied qu'après avoir perdu toute espérance de pouvoir continuer son enseignement. On le voit encore, en effet, assister à une assemblée générale des notables habitants le 25 octobre 1571 (²). Nous perdons ensuite complètement sa trace.

Cependant, le parlement de Dijon se prononça sur la question soulevée par les magistrats municipaux en 1567, touchant l'exécution de l'édit d'Orléans, et par son arrêt du 10 mars 1571 il décida « que lesdits doyen, chanoines et Chapitre, seront tenus laisser au recteur ou principal des escolles dudict Ostun les fruictz de la première prebende qui vacquera, sans que autre que luy les puisse percevoir, ains luy demeureront destinés et affectés suivant l'ordonnance d'Orleans, et ce pendant jouyra ledict principal ou precepteur de la pension à luy promise et accordée par ledict Chapitre jusques à ce qu'il soit rendu jouissant des fruictz de ladicte prebende. »³

Jacques Charvot, chanoine et grand chantre, étant mort le 20 décembre 1572, le Chapitre, tout en s'abstenant de disposer de la prébende vacante, se borna à délivrer en 1573 une pension élevée de 120 à 240 livres à Mre Pierre Maney, qui avait succédé à Gabriel Madier, comme principal du collège : « A Mre Pierre Maney, principal du college d'Ostun, la somme de douze vingt livres à luy accordée par Messieurs pour la prebende qu'il pretend en ladicte eglise, au fur de xx livres par moys⁴. » Pierre Maney, bachelier en théologie, originaire du diocèse de Langres, dépendait directement du Chapitre qui l'avait nommé vicaire du chœur, le 18 août 1565(⁵).

1. Reg. de la ch. des comptes du Chapitre d'Autun. Arch. de S.-et-L.
2. Reg. des délib. de la chambre de ville, vol. III, fol. 113.
3. Arch. dép. de S.-et-L. F. du collège d'Autun.
4. Reg. de la ch. des comptes du Chapitre d'Autun. Arch. dép. de Saône-et-Loire.
5. Reg. capit., fol. 158.

Sa présence à la tête du collège consacrait la victoire des catholiques et du Chapitre et la défaite du parti de la réforme.

Le nouveau recteur, peu satisfait de la somme qui lui était allouée et qu'il jugeait sans doute inférieure à ses droits, présenta une requête au parlement à l'effet d'être mis en possession du revenu de la prébende vacante. Le parlement y répondit par un arrêt, en date du 28 mai 1574, qui adjugeait « aux maitres des ecolles de la ville d'Ostun les fruits et revenus de la prebende canonialle vacante par le deces de Mrᵉ Jacques Charvot, pour luy estre distribués comme à un chanoine de ladicte esglise actuellement residant et desservant, faisant très expresse inhibition et deffense auxdicts chanoines et Chapitre, comme aussy audict precepteur de faire aucun accord desdicts fruicts et distributions à peine de nullité de leur convention. » [1]

Pierre Manoy exerçait encore ses fonctions en 1575 ([2]), et peut-être même en 1577, époque où l'évêque, le Chapitre et les magistrats municipaux, d'un commun accord, suivant l'ordonnance d'Orléans, lui donnèrent un successeur dont le nom n'est pas indiqué [3] et qui était sans doute François Perrin, curé de Saint-Jean-le-Grand d'Autun, poète aimable, auteur de nombreux écrits et dont les œuvres littéraires nous sont mieux connues que la carrière pédagogique. C'est sans doute la connaissance qu'il acquit ainsi des mœurs de la jeunesse universitaire de son temps qui lui inspira sa comédie des *Escoliers*, imprimée en 1586 et que nous aurons l'occasion d'étudier ailleurs avec les autres poèmes du même auteur. François Perrin exerçait ses fonctions de principal du collège en 1579, ainsi qu'il résulte du passage suivant d'un registre des comptes de la géneterie du Chapitre pour la même année : « A M. le principal Perrin, VII livres [4]. »

1. *Mémoire ms. sur la prébende préceptoriale.* Arch. de la ville d'Autun. F. du collège.

2. *Reg. de la ch. des comptes du Chapitre d'Autun.* Arch. dép. de S.-et-L.

3. *Mémoire ms. sur la prébende préceptoriale.*

4. *Reg. de la ch. des comptes du ch. d'Autun.* Arch. dép. de S.-et-L.

Son exercice fut de courte durée. En 1580, il abandonna pour une prébende de chanoine de la cathédrale les fonctions de principal qu'il reprit ensuite quelques années plus tard.

Il fut assez difficile de lui donner un successeur. Les sujets manquaient. A une assemblée générale des habitants, qui fut convoquée le 16 août 1580 pour remédier à cette situation, « il a esté remonstré la presente chambre avoir esté convoquée affin de pourveoir d'un precepteur le college; que s'il n'y est pourveu, est le grand interest des habitans de la ville qu'il conviendra envoyer leurs enffans au loing ou les laisser sans savoir, et qu'il n'est question seullement de adviser d'avoir principal et precepteur, mais du moyen qu'il leur fault donner[1]. » Il fut reconnu que le collège formait autrefois des élèves meilleurs que ceux d'aujourd'hui : « que tousjours le college d'Ostun estoit bon et qu'il y avoit infinité d'estrangers et de la ville qui depuis se sont trouvez en parlement et aultres justices[2] »; que l'état de chose actuel était humiliant pour la ville, tandis « qu'il n'y a si petite bourgade qui n'entretienne un precepteur[3] »; que la difficulté de trouver un bon principal tenait à l'insuffisance des ressources mises au service du collège et que si la ville se décidait à subventionner l'établissement, on pourrait mieux résoudre la question. Chacun s'étant déclaré prêt à faire les sacrifices nécessaires, il fut convenu qu'on s'adresserait à un personnage dont la capacité avait été signalée aux magistrats : « Resollu à la pluralité que sera mandé ledict Claude Thouillier pour accepter la charge de principal, et luy sera donné par eulx chacun an iie livres dont impost sera faict sur les habitans, le fort portant le foible[4]. » Claude Thouillier succéda donc à François Perrin comme principal du collège et

1. *Reg. des délib. de la chambre de ville*, vol. IV, fol. 8.
2. Id. ibid.
3. Id. ibid.
4. Id. fol. 9.

il est cité en cette qualité dans les comptes du Chapitre
de 1581 et de 1582 :

Plus vient à passer audict grenetier cinq septiers aveyne, mesure
d'Ostun, qu'il auroit payé à Mre Claude Thouillier, principal du collège d'Ostun en l'an 1582, et ce pour ses aveynes qu'il auroit gaigné
en l'an 1581 comme principal du collège. [1]

C'est à cette époque que les officiers municipaux purent
acquérir, au nom de la ville, les bâtiments où se tenaient
alors les écoles : opération utile qui accroissait l'autorité des
magistrats sur cet établissement et leur permettait d'en disposer plus librement à l'avenir. Cette acquisition était faite
au prix de 200 écus pour le fonds et de 370 écus « pour les
meliorations faictes audict collège », suivant l'arrêt rendu
au parlement le 4 avril 1583. [2]

Par traité conclu le 28 janvier 1587, entre les délégués
du Chapitre et les magistrats municipaux, le siège épiscopal
vacant, le collège fut confié pour six ans, à maitre Nicolas
Lallemaigne, prêtre, maitre ès arts en la faculté de Paris,
originaire de Cry au diocèse de Langres et résidant à Châtillon-sur-Seine. Par ce traité, destiné à entrer en vigueur
le 1er mars suivant, il fut convenu que Nicolas Lallemaigne
serait tenu « illec enseigner et endoctriner les enffans, tant
de ladicte ville que aultres lieux circonvoisins, au service de
Dieu selon l'Église catholicque, apostolicque et romaine,
aux lettres et bonnes mœurs ainsi qu'il appartient et que
un bon maistre est tenu et doibt faire [3]. » A l'égard des
devoirs religieux, le principal devait en outre « conduire et
mener ses pentionnaires es messes perrochiales les jours de
dimanche et aultres festes solempnelles, signamment es
sermons et prédications esdits jours de dimanche et aultres

1. Comptes de Jean Bourgeois, grénetier, de 1571 à 1607, fol. xiv. Arch. dép.
de Saône-et-Loire.
2. *Délib. de la chambre de ville*, du 17 septembre 1602, vol. VIII, fol. 232. Arch.
de la ville d'Autun.
3. V. plus loin *Pièces justificatives*, n° 1.

festes solempnelles et durant l'Advent et Caresme [1]. » Le
recrutement du personnel enseignant était abandonné au
choix et laissé à la charge du principal à qui incombait l'obligation de se pourvoir « de regentz, hommes catholicques,
ydoines et suffisans pour ladicte instruction [2]. » La langue
latine devait seule être en usage, tant de la part des professeurs que de toutes les personnes que leurs fonctions mettaient
en rapport avec les enfants, « lesquelz enffans ilz enseigneront
et contraindront de parler lattin en toutte conference que lesdictz regentz et eulx auront ensemble, à toutes personnes qui
entreront dans ledict college, saichans et entendans la langue
latine [3]. » Cet article était accompagné des conditions les
plus rigoureuses pour en obtenir l'observation : « Et à cest
effect, feront lesdictz principal et regentz rendre la reigle
par chacune sepmaine à celuy qui sera reprins par troys foys
d'avoir parlé en languaige françoys, et sera pugny et corrigé
selon sa faulte sy, pour l'excellance et l'esprit de l'enffant,
le principal ne luy remect sadicte faulte, ce qui sera observé
tant pour les domesticques pentionnaires, cameristes que
ceulx qui demeureront en ville [4]. » Les livres en usage au
collège devaient être préalablement communiqués au Chapitre et aux magistrats municipaux qui, les uns et les autres
faisant, tant au nom de l'église qu'à celui de la ville, les
frais de l'enseignement, prétendaient exercer sur celui-ci
une légitime influence : « Lesdictz regentz ne feront lecture
d'aulcungs libvres sy non que ung moys au par advent ilz
ayent estez rapportez à Messieurs de l'église et officiers de
ladicte ville pour veoir quelz libvres ilz vouldront lire, affin
de cognoistre si iceulx seront contre la religion catholicque
ou honnesteté publicque, et aussy que lesdicts enffans s'en
puissent pourveoir de bonne heure pour mieulx vacquer et

1. V. plus loin *Pièces justificatives*, n° 1.
2. Id.
3. Id.
4. Id.

faire debvoir à l'estude[1]. » L'article suivant détermine la
nature générale de l'enseignement : « Tous les aultres jours
ouvrables seront faictes leçons tant en grec que latin, matin
et soir, suyvant et selon les heures qui seront advisées et
données par ledict Lallemaigne, et aux jours de feste sera
bon de faire quelques briefves leçons de libvres honnestes
pour contenir toujours lesdicts enffans en leur debvoir. »[2]

Les prescriptions relatives au régime alimentaire des
élèves pensionnaires n'étaient pas déterminées avec moins
de précision : « Et comme ledict Lallemaigne doibt estre
socieux de l'esprit, aussy pour le regard du corps, nourrira
ses pentionnaires de bonnes viandes de bœufz, mouthon et
porc fraiz, selon les saisons ; et aux jours maigres, de bons
poissons, œufz et marée[3], lesquelles viandes ne seront gastées, puantes ny pourries, et de mesme sera soigneux au
boyre comme au manger. »[4]

En considération de ces charges, le Chapitre abandonnait
au principal « le revenu entier d'une prebende de chanoine
de leurdicte eglise, en quoy que icelluy puisse consister,
sans aulcune chose en excepter ny diminuer, et selon qu'ilz
ont faict par cy devant aux aultres principaulx et regentz
dudict college[5]. » De leur côté, les magistrats municipaux
s'engageaient, au nom de la ville, à donner au principal
« chacun an, lesdictes six années durans, la somme de deux
cens francs, et ce par quartier et esgalles pourtions, de troys
en troys moys, luy delaissans oultre ce, pendant ledict temps,
le logis et maison dudict college d'Ostun, ainsy qu'il s'entend et comporte et qu'il appartient à ladicte ville, consistant
tant en maisonnemens, classes, courz, jardins, que aultres
aisances... lesquelles ilz lui rendront en bon et dehu estat à

1. V. plus loin *Pièces justificatives*, n° 1.
2. Id.
3. Par *marée*, on entendait sans doute alors la morue, harengs et autres salaisons.
4. V. plus loin *Pièces justificatives*, n° 1.
5. Id.

son entrée, moyennant aussy que à la fin desdictes six années il sera par luy rendu en tel et semblable estat. »[1]

La gratuité de l'enseignement était absolue pour les enfans originaires de la ville. Les autres étaient assujettis à une modique rétribution pour droit d'entrée : « Il ne permettra estre prins aulcung argent pour le droict que l'on appelle *les moys* ou *la porte* pour le regard des enffans nez de ladicte ville, ains pourra exiger seullement deux solz par moys d'ung chacun escollyer estranger qui ira audict college, pour ledict droit de porte[2] » : soit environ vingt-quatre sous, au pouvoir actuel de l'arpent. Le chauffage et l'éclairage devaient être également fournis gratuitement : « Comme aussy ne pourront les maistres ny regentz demander auxdicts enffans aulcuns landyers ny chandelles, ains se contenteront de ce qui sera accordé par lesdicts sieurs de l'église et officiers. »[3]

Tel était ce traité que nous avons dû exposer avec quelque étendue dans le but de faire connaître le régime des établissements municipaux d'instruction secondaire, à la fin du seizième siècle. Le 12 octobre 1590, Nicolas Lallemaigne adressa requête au conseil de ville pour obtenir l'allocation annuelle qui lui avait été promise : « Sur la requeste par escript présentée par M. le principal du college, tendant à avoir payement de la somme de deux centz francs qui dehuz luy sont pour la pantion dehue par la ville d'une année expirée dehue le dernier d'aout, lesdicts sieurs ordonnent que ladicte somme de deux centz francs luy soit payée par Estienne Clerc et Claude de la Croix auxquels sera desduicte rapportant quictance dudict Lalemagne principal. »[4]

Ce traité conclu pour le temps de six ans expira en 1593

1. V. plus loin *Pièces justificatives*, n° 1.
2. Id.
3. Id.
4. *Reg. des délib. de la chambre de ville*, vol. V, fol. 123. Arch. de la ville d'Autun.

et ne fut pas renouvelé. Nicolas Lallemaigne eut alors pour successeur François Perrin, chanoine de la Cathédrale, qui avait déjà exercé cette fonction quelques années auparavant. L'époque à laquelle François Perrin eut, pour la seconde fois, la direction du collège est indiquée avec beaucoup de précision dans le passage suivant du *mémoire* qui nous a déjà fourni plusieurs renseignements : « Lesdites six années expirées (en 1593) comme le sieur Perrin, chanoine, exerçoit la charge de principal, en attendant qu'on eut fait convention avec quelques particuliers, il y a délibération du Chapitre, du 13 octobre 1595, qui ordonne que ledit sieur Perrin jouira des fruits et revenus de la prébende affectée au principal du collège de cette ville au prorata du tems qu'il exercera la charge dudit principal [1]. » La participation de François Perrin à la direction du collège prit fin en 1595. Elle eut un caractère tout à fait intérimaire et avait sans doute pour cause la difficulté, dans ces temps troublés, de trouver quelque personnage disposé à en accepter et à en remplir la charge. Le compte de sa gestion n'était pas encore liquidé en 1602, ainsi qu'il résulte d'une délibération du 17 septembre, constatant qu'il « est dehu à Mre François Perrin, tant en principal que arrerages et pour les pensions qui luy estoient dehues du reste pendant qu'il estoit principal au dict college la somme de deux centz cinq escuz trente troys solz [2]. » Difficultés continuelles avec le Chapitre, retards et lenteurs dans l'exécution des engagements pris par la ville : il n'y avait dans ce régime rien de bien séduisant pour personne.

A François Perrin succéda Simon Naudot, suivant un traité passé pour trois ans, le 27 octobre 1595, comme nous le voyons dans un arrêt du 6 août 1596 condamnant le Chapitre à payer au principal du collège le revenu « de la prébende

---

1. Arch. de la ville d'Autun. F. du collège.
2. *Reg. des délib. de la chambre de ville*, vol. VIII, fol. 233.

qu'ilz luy ont accordée pendant trois ans pour instruire les enfans, transaction passée entre lesdicts doyen, chanoines et Chappitre, les vierg, échevins, procureur syndic dudict Ostun et ledict Naudot, le xxvii octobre 1595 (1). » Le Chapitre refusait toujours d'exécuter les arrêts de 1571 et de 1574, préférant s'acquitter au moyen d'une pension fixe, plutôt que de consentir à céder le produit variable d'une prébende : revenu dans lequel entraient certaines distributions d'argent, de pain et de vin, faites aux chanoines qui prenaient part à la célébration des services religieux. Aux termes du dernier arrêt, du 6 août 1596, Johan Bauldot, procureur syndic de la ville, avait fait saisir, le 19 novembre suivant, vingt-quatre sextiers de seigle chez la dame Bastienne Laguille, veuve de N. Laguille, grénetier du Chapitre, pour compléter le revenu de la prébende préceptoriale, attribuée à Symon Naudot. Le 19 du même mois, le procureur syndic de la ville adressa requête au parlement pour que mainlevée des grains saisis fût consentie en faveur du principal du collège[2]. Par un nouvel arrêt, du 14 décembre suivant, la cour liquida la pension due à Symon Naudot, à soixante-six écus deux tiers pour l'année échue, donnant mainlevée des grains saisis jusqu'à concurrence de la somme due et renvoyant les parties par-devant un commissaire spécial pour l'évaluation du revenu de la prébende[3]. Symon Naudot exerçait encore les fonctions de principal du collège en 1599. Le Chapitre ayant trouvé moyen d'éluder l'arrêt du 14 décembre 1596, le principal adressa requête à la cour pour en obtenir l'exécution : « Et encore que par ledit arrest il soyt dit que ladite somme de soixante six escus deux tiers luy sera payée par quartier par le chambrier de ladite église, si est ce qu'il n'en peult tirer aulcune chose, quelque poursuytte

1. Arch. dép. de S.-et-L. F. du collège d'Autun.

2. Id.

3. Id.

qu'il en peult faire, au grand interest dudit college. » Par son arrêt du 22 octobre 1599, la chambre des vacations prescrivit le paiement des termes échus dans le délai de huit jours à peine d'exécutoire décerné contre le Chapitre[1]. Ce dernier arrêt parait avoir mis fin aux tribulations du pauvre principal.

Le collège était sans doute assez peu fréquenté. D'autres maîtres enseignaient dans la ville et recevaient même des pensionnaires aux dépens de l'établissement municipal. Pour réagir contre une situation qui lui semblait préjudiciable à ses droits, Symon Naudot sollicita et obtint du conseil de ville, le 18 mai 1601, une ordonnance prescrivant « à tous maistres d'escolle de ladicte ville, faisans profession d'enseigner la grammere d'envoyer les enffans, qu'ils tiennent en pantion en leur maison, au collegé de ladicte ville pour y assister aux leçons qui s'y font, sans qu'ils leur en puissent faire aucune, sy ce n'est par forme de repetition; permettant audict Nauldot d'exiger des escoliers residans en ladicte ville, au regard des estrangiers, cinq sols par moys, pour le droict d'entrée; en oultre, les maistres et autres habitans de la ville, où lesdicts estrangiers feront leur residence, seront responsables; et quant à ceulx de la ville qui ne resident audict college, seront tenus payer à leurs regens, chacung ung sol par moys pour le droict de regle, auquel droict lesdicts estrangiers seront semblablement tenus oultre lesdicts cinq sols. Et affin que de tant plus ledict college soit honoré, est semblablement enjoinct ausdicts maistres d'escole et aultres tenans pantionnaires en ladicte ville, d'envoyer iceulx pantionnaires pour accompagner lesdicts principal et regens et ses escoliers de ladicte ville aux processions generalles et predications qui se feront cy après, à peyne de III escutz tournois d'esmende contre lesdicts maistres et tenans

---

1. Archives départementales de Saône-et-Loire, fonds de la cathédrale d'Autun, prébende préceptoriale.

pantionnaires. Et leur sera signiffié à leur personne, et encore publyé par les carrefours de ladicte ville, à son de trompe. »[1]

Pendant que l'ancien collège se débattait ainsi au milieu des difficultés que lui suscitaient la concurrence des écoles libres et le refus du Chapitre de lui céder les revenus de la prébende préceptoriale, il se passait au-delà des mers un événement qui devait avoir sur ses destinées une action décisive.

II

Par son testament du 22 mai 1601 et daté de Messine en Sicile, un habitant d'Autun, qui était allé tenter la fortune en pays étranger et qui l'avait trouvée, disposait en faveur de sa patrie, d'une somme de quinze mille livres[2], destinée « à dresser un college de Jesuittes audict Ostun, en tant qu'il auroit pleu au roy nostre sire de les restablir en son royaulme, et à leur deffault aux Capucins[3]. » Ce généreux citoyen, à qui l'éloignement n'avait pas fait perdre de vue les intérêts de sa ville natale, se nommait Antoine de la Croix. Il appartenait à une famille tout autunoise, dans laquelle nous trouvons avant lui Claude de la Croix, membre de la confrérie du Saint-Sacrement d'Autun, en 1501 [4]; Pascault de la Croix en 1514 [5]; Lazare de la Croix, avocat, témoin d'un acte du 1er juillet 1547 [6]; Charles de la Croix, enquêteur au bailliage en 1573 [7]; Claude de la Croix qui est cité parmi les procureurs et notaires qui furent invités à assister le

1. *Délib. du conseil de ville*, vol. VII, fol. 89. Arch. de la ville d'Autun.
2. Le legs est évalué à 15,000 l. dans les délibérations du conseil de ville. M. Lescure, auteur d'un mémoire ms. sur le collège, que nous aurons souvent l'occasion de citer plus loin, l'évalue seulement à 11,200 l.
3. *Délib. du conseil de ville*, vol. VIII, fol. 281.
4. *Mémoires de la Société Éduenne*, nouv. série, t. XII, p. 363.
5. Id. p. 364.
6. Protocoles de Thevenin, notaire à Autun, fol. 162. Étude de Me Ch. Létang, notaire à Autun.
7. Protocoles de Louis Desplaces, vol. VII, fol. 32.

24 janvier 1574 à la prise de possession du siège épiscopal par
Charles Ailleboust. C'était le père de Anthoine de la Croix
qui est lui-même mentionné comme habitant à Autun « en
la rue Saint Brancher » dans un acte du 4 septembre 1566 (¹)
et figure encore dans plusieurs constitutions de rente à son
profit, les 2 septembre, 28 et 29 décembre 1579 (²) ainsi qu'au
nombre des membres de la confrérie du Saint-Sacrement où
il fut reçu en cette même année 1579 (³). C'est de cette plage
lointaine de Messine que Antoine de la Croix avait eu, en
mourant, la pensée de doter sa patrie d'un établissement
d'instruction susceptible de relever le niveau des études, en
substituant un institut puissamment organisé aux maitres de
rencontre à qui la ville et le Chapitre confiaient jusqu'alors
l'éducation de la jeunesse.

Mais quand le conseil de ville fut avisé des dispositions
testamentaires de Antoine de la Croix, le 14 février 1603,
l'ordre des Jésuites n'était pas encore rétabli dans le royaume,
et les Capucins se trouvaient seuls en droit de revendiquer
le legs fait en faveur du collège, « pour estre ledict legat des
Jesuittes caduc, ne pouvant estre par eulx accepté, lesdicts
Capussins, selon qu'on a heu advis, avoient levé coppie
dudict testament et estre en deliberation de se pourveoir au
Roy pour avoir le fruict et effect dudict legat, à l'exclusion
de la ville d'Ostun, chose qui importoit grandement à icelle. »⁴

La ville ne pouvait consentir à se laisser frustrer d'un
avantage aussi considérable. Dans cette conjoncture difficile,
elle résolut de recourir au président Jeannin qui jouissait
d'un grand crédit auprès de Henri IV et qui se montrait

1. Protocoles de Pierre Balaget, notaire à Autun, fol. 201. Étude de Mᵉ Lélang, notaire à Autun.
2. Protocoles de Sully, notaire à Autun. Id.
3. On rencontre également dans le registre de la confrérie le nom de Magdelaine de la Croix, femme d'André Lallemant, en 1574, et celui de Marthe de la Croix, femme du médecin Esme Tyroux, en 1582. (Mém. de la Société Éduenne, t. XII, p. 371.) Antoine de la Croix est fréquemment cité au nombre des notables habitants qui assistèrent aux assemblées générales, de 1569 à 1576. (Reg. des délibér. de la chambre de ville, vol. III, fol. 42 à 162.)
4. Délib. de la chambre de ville, vol. VIII, fol. 281. Arch. de la ville d'Autun.

toujours prêt à donner à sa patrie des preuves de son attache-
ment. Personne n'était en effet plus propre à remplir avec
succès ce rôle de médiateur et à assurer à la ville l'effet des
libéralités d'Antoine de la Croix : « Sur quoy, après en
avoir communiqué auxdicts sieurs du clergé et officiers du
roy, au logis du sieur reverend evesque d'Ostun, resolution
a esté prise que l'on advertiroit monsieur le president Janin,
pour impetrer au profit de ladicte ville ledict legat de Sa
Majesté, et que lettres seroient adressées à Mre Philipes de
Goubault, eschevin, estant de present à Paris pour les affaires
de ladicte ville, pour les presenter audict sieur president et
en faire de sa part toutes sollicitations, lesquelles lettres,
coppye dudict testament avec memoires ont esté delivrés à
honorable François Chappon, auquel on a faict avancer le
voyage qu'il avoit destiné faire à Paris, moyennant deux
escus à luy promis et qui luy seront payés à son retour par
le sieur vierg. » [1]

Pendant ces différents mouvements et en attendant la
solution de la question, les magistrats faisaient activement
réparer la maison du Collège [2] qui, depuis 1583, était devenue
la propriété de la ville. Ils employèrent à ces réparations
quelques matériaux empruntés à l'ancien château fort de
Riveau qu'ils avaient fait précipitamment démolir, dans la
crainte que cette forteresse abandonnée ne tombât entre les
mains de Biron et n'attirât de nouveau la guerre sur la ville.
Nous citerons en particulier la porte du château de Riveau,
qui fut utilisée dans ces travaux, ainsi que nous l'apprend
une délibération du 7 novembre 1602 : « Marchef a esté faict
avec François Barrillet, serrurier de ce lieu, et Jehan de
Montcharmont, menuisier, pour accomoder la porte qui estoit
en Riveau au college, icelle poser à ce qu'elle soit bien et
dehument fermante et ouvrante, pourquoy faire leur a esté

1. *Délib. de la chambre de ville*, vol. VIII, fol. 281. Arch. de la ville d'Autun.
2. Id. vol. V, fol. 102; vol. VI, fol. 190; vol. VII, fol. 27.

accordé et promis dix francs, pour laquelle somme leur sera expedié mandement sur Mre Claude Pillot, recepveur des deniers du sel. » [1]

Cependant, Henri IV ayant rétabli l'ordre des Jésuites en France, par ses lettres patentes données au mois de septembre 1603, vérifiées et enregistrées au parlement de Paris le 2 janvier 1604, le principal obstacle se trouvait levé et les conditions qu'Antoine de la Croix avait mises à la délivrance de son legs pouvaient être remplies. Mais une affaire de cette importance ne se traite pas en peu de temps : d'autres difficultés se faisaient jour et quatorze années devaient encore s'écouler avant que les intentions du testateur aient pu recevoir leur pleine et entière exécution.

C'était d'abord le principal du collège, Simon Naudot, menacé dans sa position et ses intérêts par l'arrivée des Jésuites et qui se mettait en mesure d'acquérir une maison contiguë à celle du collège pour y continuer l'exercice de sa profession : « Les scindics remonstrent qu'ils ont heu advertissement que Mre Symon Naudot, principal du college, veult achepter la maison appartenant à M. le president Mareschal et qui est du corps de logis dudict college, ce que pourroit rapporter interest au public, et mesmement pour le logis dudict college, requerant qu'il y soit pourveu, en advisant si pour la commodité des habitans il sera besoing achepter ladicte maison, ou non [2]. » Le conseil se prononça pour l'acquisition et il fut résolu « qu'il sera escript à Mre Barbotte, maitre des comptes à Dijon, pour le supplier de composer avec ledict sieur president Mareschal de ladicte maison au profit de la ville. » [3]

Cette difficulté écartée, il en subsistait plusieurs autres. En premier lieu, les Jésuites eux-mêmes, qui se souciaient assez peu, parait-il, de créer une concurrence à leur maison

1. *Délib. de la chambre de ville*, vol. VIII, fol. 246.
2. Id. vol. IX, fol. 74.
3. Id. ibid.

de Dijon et qui cependant « poursuivoyent le legat de M. de la Croix pour leur college[1]; » le roi, que l'on croyait peu favorable à une plus grande augmentation du nombre des collèges dirigés par les Jésuites; le legs enfin qui ne paraissait pas suffisant pour un établissement de cette importance. Toutes ces questions furent débattues à l'assemblée générale des habitants, le 25 septembre 1604 et il fut décidé que le vierg, qui était alors l'avocat André Ferrand, « s'acheminera en cour » où il devait retrouver l'échevin André Jeannin, pour obtenir la création d'un collège de Jésuites ou « que l'on fasse commuer le legat en ung aultre college[2]. » Il était tout spécialement recommandé au vierg « d'en communiquer à monsieur le president Jehannin » et au grand écuyer, le duc de Bellegarde, gouverneur de Bourgogne, qui, lors de son entrée à Autun, « a promis toute assistance et faveur. »[3]

Le vierg réussit dans l'objet de sa mission et, au mois d'août 1608, furent signées les lettres patentes qui autorisaient les Jésuites à accepter le legs d'Antoine de la Croix, pour l'établissement d'un collège « composé de tel nombre de personnes d'icelle société qu'ils verront y estre necessaire pour le service divin, l'instruction de la jeunesse aux bonnes lettres, tant d'humanités, philosophie que theologie, aux classes reglées et formées dont ils ont accoustumé user aux colleges qu'ils ont aux autres villes de nostredit royaume[4]. » En prévision de l'accroissement que le collège était appelé à prendre, le roi attribuait aussi à la ville la faculté de donner aux bâtiments l'extension nécessaire. « Et afin que lesdicts manans et habitans de ladicte ville d'Ostun ayent moyen d'acommoder lesdicts Jesuittes, nous voulons qu'ils

1. *Délib. de la chambre de ville,* vol. IX, fol. 83.
2. Id. Ibid.
3. Id. Ibid.—Voir sur l'entrée du duc de Bellegarde à Autun, le 6 octobre 1603, le *Jacobi, Johannis, Andreæ et Hugonis fratrum Guioniorum opera,* p. 14. Dijon, 1658, in-4°.
4. V. plus loin *Pièces justificatives,* n° 2.

le puissent et leur soit loisible de leur bailler et delaisser tel lieu qu'ils verront estre à propos pour ledict college et, pour l'agrandir, prendre des maisons et jardins voisins, en payant les proprietaires du prix d'iceulx de gré à gré [1]. » Faculté précieuse et qui devait être employée peu de temps après la prise de possession du collège par les Jésuites. Mais l'autorisation ainsi obtenue, d'autres difficultés subsistaient encore et il y avait lieu de les résoudre avant que les lettres royales fussent mises à exécution.

Cependant, le collège continuait à végéter, en attendant que la transformation projetée pût être réalisée. Le 15 juillet 1609, le conseil de ville donnait mission à l'échevin de Genay de fréquemment et le plus souvent qu'il lui sera possible, « visitter le college de ce lieu et examiner les escolliers, sçavoir et s'informer combien le principal prent des escoliers tant par le moys que par la regle, pour sçavoir sy le contenu en son memoire presanté est veritable, lequel a accepté et promis de fayre [2]. » Les bâtiments étaient en mauvais état. Le 23 du même mois, le conseil arrêta que « sur la requeste presentée par escript par monsieur le principal, il est ordonné que nous nous transporterons au college pour dresser procès-verbal des reparations necessaires audit college et faire proceder aux reparations y necessaires. » [3]

Le principal était alors Hugues Jondot, avocat en parlement, qui avait succédé à Simon Naudot et à qui la ville eut encore recours, quelques années plus tard, pour régir le collège avant l'arrivée des Jésuites. Hugues Jondot céda la place en 1608 à un sieur Goualard, ainsi qu'il résulte du passage suivant des comptes du Chapitre, mentionnant la somme de 100 l. payée « à Mre Hugues Jondot, principal du college d'Autun pour ses gaiges de six mois, pour raison de

1. V. plus loin *Pièces justificatives*, n° 2.
2. *Délib. de la chambre de ville*, vol. X, fol. 16. Arch. de la ville d'Autun.
3. Id. fol. 19.

la prebende affectée oudit college, » et semblable somme de
100 l. « à monsieur Goualard, principal audit college au lieu
dudit Jondot pour ses gaiges de six mois [1]. » Le sieur Goualard est encore mentionné, en 1610, comme recevant du
Chapitre une somme de 200 l. pour la prébende affectée au
collège [2]. Sa présence n'avait apporté aucun remède à l'état
de plus en plus languissant de l'établissement. Nous en
trouvons la preuve dans la délibération du conseil de ville,
du 17 novembre 1610, où le vierg exposa « que le college
de cette ville est totallement negligé et sans escolliers, ce
qui provient pour ce que la ville n'a aulcun patrymoyne ny
deniers pour y mettre des hommes capables pour faire l'exercice requis audit college, lequel seroit très necessaire de
meliorer et reformer, d'aultant que laditte ville n'a aulcun
traficq, estant esloignée de touttes ripvieres, passages et
grands chemins, et qu'il n'y a aulcun college [tant] audit
Ostun, siège principal, que lieux circonvoisins et sièges particuliers, demandant advis de ce qui est à faire pour melyorer
et establir un bon college. A esté resolu que demain prochain
mattin, les scindicqz feront comparoitre et sister à la chambre
Messieurs les gens du roy et quelques notables habitans de
cette ville pour prandre resolution certayne et assurée pour
ce regard [3]. » Pas d'écoliers! tel était l'état de décadence
dans lequel le collège était tombé en 1610.

Pour procurer les ressources nécessaires à cette restauration, le roi, par ses lettres du 20 janvier 1611, consentit à
accorder aux habitants la prorogation d'un octroi de cinq
sols sur chaque minot de sel, qui avait été concédé en 1605
pour six ans, à l'effet d'être employé aux réparations des
murailles, portes et pavés de la ville, et qui touchait à son
terme. Cette prorogation eut également lieu pour une durée
de six années sous la réserve que les revenus de l'octroi

1. *Reg. de la ch. des comptes du Chapitre d'Autun.* Arch. dép. de S.-et-L.
2. Id. fol. 54.
3. *Délib. de la chambre de ville,* vol. X, fol. 143. Arch. de la ville d'Autun.

seraient spécialement destinés « à l'entretenement d'un principal et quelque nombre de regents au college des longtemps establi en ladite ville pour l'instruction de la jeunesse [1]. » Ces lettres furent vérifiées et enregistrées au parlement de Dijon, le 26 avril 1611. Le 23 mai suivant, dans une assemblée générale tenue « en la maison episcopale » et où assistaient, avec l'évêque, Nicolas Jeannin, doyen du Chapitre, Venot, grand chantre, d'Escrots, lieutenant général, de Montagu, lieutenant en la chancellerie, Duban, lieutenant criminel, Arthaud, lieutenant particulier, Rolet, Devoyo, de Genay, Pierre Debart, échevins, Dardault, chanoine, Venot, conseil de la ville, et Nicolas Ladone, avocat, le vierg présenta les lettres patentes obtenues du roi dans l'intérêt du collège et sollicita l'assemblée de « donner advis de la forme que l'on prendra pour ladite melioration, comme sy l'on veult changer de principal ou laisser celuy qui est de present [2]. » Les membres de l'assemblée se plurent à reconnaitre que le principal alors en charge « est fort capable, bon econome et ne fait rien qui ne soit bien fait. » Il fut d'ailleurs reconnu qu'on ne pourrait congédier le principal sans lui allouer une indemnité, à cause du contrat qui avait été passé avec lui, et que s'il y avait « peu d'ecoliers », leur petit nombre tenait à l'insuffisance des régents. Il fut donc décidé « que l'on ne changera le principal et que par Messieurs de la ville sera [fait choix de] gens capables, soit d'avocats ou aultres, pour recongnoistre l'incapacité ou capacité des enffans et de l'estat du college, pour en après pourvoir ainsy qu'il apportiendra de par l'advis de Messieurs de la Chambre. » [3]

Le collège ne comptait alors que trois classes correspondantes à la seconde, à la troisième et à la quatrième. A la réunion du conseil de ville, qui eut lieu le 28 mai suivant,

1. V. plus loin *Pièces justificatives*, n° 3.
2. *Délib. de la chambre de ville*, vol. X, fol. 176. Arch. de la ville d'Autun.
3. Id. fol. 176.

il fut convenu que les nouvelles ressources, mises par le roi
à la disposition des habitants, seraient destinées à la création
d'une première et d'une cinquième classe ; que la première
et la seconde ou la quatrième, au choix des magistrats,
seraient à la charge de la ville, et que les trois autres res-
teraient, comme précédemment, à celle du principal, jusqu'à
l'expiration du traité passé avec lui et qui devait prendre
fin le 24 juin 1613. En outre le conseil fit choix de Hugues
Jondot, avocat en parlement, demeurant à Autun, pour remplir la charge de régent de la première classe, aux appointe-
ments de 180 livres par an, payables en deux termes, avec
exemption des impôts établis par la ville et dispense du guet
et garde en temps de guerre. Cette nomination était faite
pour deux ans : du premier juin 1611 au 24 du même mois
1613. Hugues Jondot dirigeait sans doute une école particulière, ainsi qu'on peut le croire d'après le traité passé avec
lui, stipulant « qu'il sera loisible audit Jondot de tenir des
escolliers et pentionnaires en sa maison, lesquels neant-
moings il sera tenu de mener et envoyer audit college pour
estre instruits audit college, ès classes qui leur seront données par ledit Gouallard, et n'en pourra tenir ledit Jondot
d'aultres que ceux qu'il menera audit college [1]. » Le conseil
compléta son œuvre, le 21 juin 1611, en faisant choix de
Pierre Patriarche, pour « fayre une cinquiesme classe au
college de ce lieu, instruire la jeunesse bien et convenable-
ment, selon la capacité des esprits des escolliers, obeir au
principal en ce que luy sera commandé pour le debvoir de
laditte charge, assister aux heures accoustumées, au con-
tantement du publicq, et ce pour deux ans qui commance-
ront dez le lundy vingtiesme du present moys, moyennant
six vingtz livres par chacun an [2]. » A ce traitement devait
s'ajouter l'exemption des impositions locales et de l'obligation du guet.

1. *Délib. de la chambre de ville*, vol. X, fol. 182. Arch. de la ville d'Autun.
2. Id. fol. 194.

Après la retraite du sieur Goualard, Hugues Jondot reprit, en 1613, la direction du collège pour la seconde fois, et dès le 4 juillet qui suivit son entrée en fonction, le conseil arrêta « que les sieurs officiers se transporteront demain prochain au collège de ce lieu pour congnoistre en quel estat il est et s'informer s'il y a des regents au nombre porté par le traicté faict avec le principal dudit collège. » [1]

La ville n'avait pas perdu de vue le projet de confier aux Jésuites la direction de son collège. Cette affaire, suspendue par la mort de Henri IV et par la difficulté de se procurer les ressources nécessaires à cette transformation, n'avait pas cessé d'exciter la sollicitude des magistrats municipaux. Ceux-ci avaient remis le soin de leurs intérêts au président Jeannin qui put enfin leur annoncer le succès de ses démarches, tant au sujet du collège qu'à propos du projet de rendre l'Arroux navigable jusqu'à Autun, suivant la communication qui en fut faite au conseil de ville le 23 octobre 1613 : « Le sieur vierg a remonstré que le jour de hier il receust lettre de monseigneur le président Jeannin, dattée du xvi° du present moys, adressante aux sieurs officiers de la ville, par laquelle il leur mande avoir obtenu de Sa Majesté l'establissement d'un college de Jesuistes en ceste ville, et oultre lequel s'emploira à faire que la ripvière d'Arroux porte basteaulx jusques en icelle, nonobstant le marchef que le sieur Descarat a faict de la faire porter depuis le port de Digouyn soullement jusques à Thoullon, de laquelle lecture ayant esté faicte, a esté resolu que sera escript à mondit seigneur le président, au nom de ladite ville, pour le remercier de sa bonne volonté et le supplier d'y continuer. » [2]

Le projet concernant le collège réussit mieux que celui de rendre l'Arroux navigable, qui fut souvent repris et étudié dans la suite, sans être jamais résolu. Par ses lettres patentes, données à Fontainebleau, au mois d'octobre 1613,

1. *Délib. de la chambre de ville*, vol. XI, fol. 4. Arch. de la ville d'Autun.
2. Id. fol. 22.

lo roi autorisait on offot l'établissomont d'un collègo do Jésuitos on la villo d'Autun, « qui ost l'uno dos plus anciennos do nostro royaumo ot do plus grando onceinto ot circuis, assizo on liou storil, osloignéo do tout commerco, on laquollo il y a grand nombro do maisons ot noanmoins pou d'habitans, ot quo lo soul moyon do la pouplor ostoit l'oroction dudit collogo qui y pourra attiror affluonco d'ocoliors, à raison do co quo los vivros y sont à bon prix ot lo liou hors do touto dosbaucho, qui auroit mosmo osté causo quo d'anciennoté, après la ruino do cotto grando villo, los écolos publiquos do la plus part dos Gaulos y furont ostablios ot durèrent longtomps on grando colobrité; d'ailleurs quo ledit collogo sembloit y ostro nocossairo, on considoration do co qu'il y a ovosché dans ladito villo, loquol ost do grando ostonduo, osgliso collogialo, abbayos ot priourés, ot par ainsy grand nombro do gons d'osgliso, prostros ot roligioux, la plus part dosquols, pour n'avoir moyon do so fairo instruiro aux bonnos lottros, par la pauvroté do lours paronts, sont domourés ignorans, ot continuora toujours co mosmo mal ot desordro s'il n'y ost pourvou par l'oroction dudit collogo, attandu qu'il n'y a collogo plus prochain do laditto villo quo coluy do Dijon, distant do soizo grandes lieuos, on laquollo los vivros ot louagos do maisons sont si choros ot los oscoliors on si grand nombro, laditto villo ostant d'ailleurs fort pouplée, quo los paronts no pouvont ontrotonir lours onfans sans uno dospenso oxcossivo, quo los habitans do laditto villo d'Autun, la plus part dosquols sont pauvros ot do si pou do moyons qu'ils no la pouvont suporter. » [1]

Cot édit, dont les frais no s'élovaiont pas à moins do 115 livros 7 sols pour les droits do chancollorio ot du scoau, parvint à Autun lo 14 novombro 1613. Lo consoil décida quo la vérification ot l'onrogistromont do l'édit au parlomont soraiont·immédiatomont poursuivis ot quo Nicolas Joannin,

1. V. plus loin *Pièces justificatives*, n° 4.

abbé de Saint-Bénigne et conseiller au parlement de Dijon, serait prié d'employer ses bons offices à cette affaire. [1]

Pour assurer et hâter le succès de l'entreprise, il importait que la ville s'entendit aussi avec les Jésuites et apprit d'eux à quelles conditions ils pouvaient prendre la charge du collège. C'est ce que fit le vierg pendant un voyage à Dijon d'où il revint le 21 janvier 1614. Dès le lendemain 22, il exposa au conseil « qu'il a conféré avec les Jesuistes concernant l'establissement d'un college en cette ville, et qu'il a veu lettres du pere recteur [du collège de Dijon], addressantes au provincial de l'ordre pour sçavoir quelle somme de deniers il seroit besoing de fournir par ladite ville, tant pour la dotation dudit college que pour le bastiment et meubles pour l'establissement dudit college jusques à la cinquiesme classe, des termes pour le payement, lesquelles lettres, sy la chambre le treuve bon, il fera tenir audit pere provincial pour sçavoir sa volonté, et seroit expedient de luy escripre pour le sujet que dessus, que l'on ne desire que ung petit college et qu'il assoure ladite ville en brief de tout ce que dessus [2], » Le conseil arrêta qu'il serait écrit au père provincial pour apprendre ses conditions.

La négociation parait avoir trainé en longueur. Le 21 septembre 1617, Hugues Jondot exerçait encore ses fonctions de principal du collège et il adressait, à cette date, une requête au conseil à la fin d'être payé d'une somme de trois cents livres « pour ses gages escheus, despuis la St Jean dernière, » et il recevait sur Claude Pillot, recevour de l'octroi sur le sel, un mandat que celui-ci ne pouvait acquitter faute de fonds [3]. En attendant de pouvoir faire mieux, le conseil lui délivra, le 28 du même mois, un mandat de 150 l. à prendre sur l'octroi des farines [4]. Le 16 novembre suivant,

1. *Délib. de la chambre de ville*, vol. XI, fol. 29. Arch. de la ville d'Autun.
2. Id. fol. 55.
3. Id. vol. XIII, fol. 39.
4. Id. fol. 42.

autre mandement de 60 livres, en faveur de Claude Deneau, premier régent au collège « sur et en deduction de cent cinquante livres qui luy sont paiées pour ses gages et dont la ville demeure d'aultant deschargée envers Mre Hugues Jondot, principal audict collego, estant tenu au payement des gages dudit Deneau [1]. » Le 23 août précédent, la ville avait obtenu une nouvelle prorogation de l'octroi sur le sel en faveur du collège. [2]

Le 9 novembre 1617, Simon de Montagu, lieutenant général en la chancellerie d'Autun, se présenta devant la Chambre de ville, à l'effet de rendre compte de la mission qu'il avait reçue le 12 janvier précédent, de se rendre à Dijon pour reprendre les négociations et proposer aux Jésuites de la part de la ville, une somme de 1,500 livres par an pour l'établissement de quatre classes, l'usage de la maison du collège en l'état où elle se trouve, la disposition de 4,500 livres, provenant du legs d'Antoine de la Croix, pour faire les réparations nécessaires et 400 livres pour l'ameublement. [3]

La question fut reprise dans les assemblées des 21 novembre et 11 décembre suivants. Dans la première, Simon de Montagu exposa que la somme de 400 livres, proposée pour le mobilier, n'avait pas été trouvée suffisante, qu'elle devait être portée à 1,500 l. et que si la ville voulait s'engager à fournir 700 livres, il prenait la charge « en son propre et privé nom de moyenner et fournir le surplus dudit ameublement par luy et particuliers habitans de ceste ville [4]. » Cette obligeante proposition fut acceptée avec reconnaissance par le conseil qui se trouvait ainsi déchargé d'une dépense considérable pour les finances municipales. Dans la

1. *Délib. du conseil de ville*, vol. XIII, fol. 61.
2. Cet octroi, qui fut l'objet de diverses prorogations successives, produisait en 1786 un revenu annuel de 2,463 livres.
3. *Délib. de la chambre de ville*, vol. XIII, fol. 56.
4. Id. fol. 69.

seconde, on étudia le moyen de fournir les 1,500 livres de
rente demandées par les Jésuites pour l'établissement de
quatre classes. Il fut reconnu que la ville ne pouvait disposer, pour cet objet, que d'une somme de huit cents livres,
prise sur l'octroi du sel, en y comprenant le revenu de la
prébende préceptoriale qui était de deux cents livres. Cette
insuffisance engagea le conseil à solliciter la substitution de
l'octroi de vingt sols sur la sortie de chaque queue de vin à
celui de cinq sols sur chaque minot de sel qui avait été concédé pour l'entretien du collège, avec résolution que « sera
supplié monseigneur le president Jeannin, de la part de la
ville, de l'assister de sa faveur accoustumée en ceste affaire,
comme très importante [1]. » Mais ce projet de commutation
n'eut pas de suite.

Les lettres patentes de 1613 n'avaient pas encore été enregistrées au parlement de Dijon qui témoignait à cet égard
une disposition peu favorable dont l'effet devait se faire
bientôt sentir. Dans l'assemblée du 21 décembre 1617, le
conseil délibéra que « sera envoyé messagier le plus dili-
gemment que faire se pourra pour obtenir la conversion de
l'octroy de la sortie du vin à mesme amploy que celui des
cinq solz sur minot, sçavoir pour l'entretien d'un collège
des Jésuistes, et supplier Monseigneur le president Jeannin,
ensemble Monsieur l'abbé de Sainct Benigne, son frere, de
favoriser ladicte poursuitte et optantion, comme egallement
supplier Monseigneur le président de favoriser la poursuitte
qui se fera pour la vérifification des lettres de l'establissement dudict college des Jesuistes, et faire cet honneur à la
ville d'en escripre à nos seigneurs du parlement, et pour
dresser lesdictes lettres le sieur eschevin Thiroux en a esté
supplié, qui a promis le faire. » [2]

Le 5 janvier 1618, le conseil renouvela ses instances à cet

1. *Délib. de la chambre de ville,* vol. XIII, fol. 81.
2. Id. fol. 86.

égard et donna mission à l'échevin Naudot de se transporter
à Dijon pour solliciter l'enregistrement des lettres patentes [1].
Cette formalité nécessaire avant toute exécution fut accomplie le 25 mai 1618, mais dans le but d'assurer la suprématie
du collège de Dijon, le parlement stipula que les lettres
royales n'auraient leur effet que « pour la residence de dix
Jesuittes seulement en la ville d'Ostun, lesquels instruiront
la jeunesse aux quatre classes de grammaire, sans qu'ils
puissent lire la rhetorique, philosophie, theologie ou autre
science [2]. » La ville ne pouvait accepter cette restriction que
l'autorité parlementaire apportait à l'autorité royale et aux
droits plus étendus que lui conféraient les lettres patentes.
En attendant qu'elle se pourvût contre cet arrêt et qu'elle
obtint gain de cause, les Jésuites s'établirent dans l'antique
collège de la rue Saint-Christophe et commencèrent à
enseigner le 18 octobre 1618. Écoutons à ce sujet la parole
d'un annaliste contemporain :

Le 18e jour du mois d'octobre 1618, les revérends pères de la compagnie de Jésus, establys à Autun, commencèrent à faire l'exercice
d'enseigner audit Autun, jour de saint Luc, après avoir célébré la
sainte messe solemnelle en l'esglise Saint Jean l'Evangéliste de laditte
ville, attendu qu'ils n'avoyent encor aucunes esglises ny chapelle
construictes; et estoit pour lors recteur le révérend père Aviet David;
et après luy fust recteur le révérend père Philippes Plumeret, grand
docteur; en après, révérend père Jean Baptiste Martignat, grand prédicateur, lequel décéda à Couche, où il est inhumé en l'esglise du
prioré dudit lieu, où il repose en paix en Nostre Seigneur Jesus
Christ; en après, le révérend père Jacque Devault; puis après, ledit
révérend père Philippe Plumeret; et au mois de juillet 1634 le révérend père Henry Sainfray a esté recteur dudit collège; et encore ledit
révérend père Philippe Plumeret en l'année 1642; et au mois de
may 1643 a esté establly le révérend père Pierre Magnard; auquel
collège a esté annexé le prioré de Couche, duquel ils sont en bonne
possession, ensemble du revenu d'icelluy, et en cette qualité de prieurs

1. *Délib. de la chambre de ville*, vol. XIII, fol. 106.
2. V. plus loin *Pièces justificatives*, n° 5.

dudit Couche sont collateur de la cure dudit Couche et de l'esglise
parochiale S. Jean l'Évangéliste dudit Autun. » [1]

L'établissement des Jésuites d'Autun appartenait à leur
province de Champagne. Le R. P. Avit David fut le premier
recteur du collège : de ses compagnons nous ne connaissons que le nom du P. Nicolas Baron qui exerçait les fonctions de procureur. Le 16 septembre 1619, le P. Avit David
reçut à Mesvres l'abjuration de Philippe Normand, originaire
du diocèse de Chartres, appartenant au culte réformé et qui
était jardinier du comte de Toulonjon. [2]

La ville s'étant pourvue contre l'arrêt restrictif du parlement de Dijon, elle obtint, le 26 février 1620, des lettres de
jussion, en vertu desquelles le parlement dut enregistrer les
lettres patentes de 1613 dans leur forme et teneur, sans y
apporter aucun changement [3]. L'enregistrement pur et simple
eut lieu au parlement le 19 janvier 1621.

En même temps que la ville se mettait ainsi en mesure
de jouir pleinement des lettres patentes de 1613, afin de
pouvoir accroître le nombre des classes, elle se préoccupait
aussi des moyens d'assurer au nouveau collège une dotation
à la fois régulière et suffisante. Les vues du conseil de ville
se portèrent sur le prieuré de Saint-Georges de Couches
dont il sollicita et obtint l'union au collège. Nous trouvons
dans les mémoires manuscrits, rédigés à la fin du dernier
siècle par M. Lesoure, les détails les plus précis et les plus
complets sur cette importante affaire :

On jetta les yeux sur le prieuré de Couches pour doter le collège
d'Autun et décharger la ville des 1500 l. qu'elle devait payer annuellement aux Jésuites. M. Bartholomy d'Arlay, né à Autun et maître
des comptes à Dijon, fut prié de s'occuper de ce projet. Il accepta
cette commission et s'en acquitta avec zèle. Ce prieuré, de l'ordre de

1. *Hist. ms. de l'Église d'Autun*, par Bonaventure Goujon, fol. 177. Bibliothèque
du grand séminaire d'Autun.
2. V. *Annales du prieuré de Mesvres*, p. 115.
3. V. plus loin *Pièces justificatives*, n° 6.

S. Benoît, dépendait de l'abbaye de Flavigny. Des titres de 891 et de 922 prouvent qu'il avait autrefois le titre d'abbaye. Cette abbaye fut réunie en 1018 à celle de Flavigny, par Helmuin, évêque d'Autun, de l'autorité du roi Robert.

M. d'Aumont jouissait de ce prieuré en vertu d'une bulle de septembre 1609, portant dispenses *ad ordines et beneficia* et d'une autre bulle de provision du 1er octobre suivant. Il passa sa procuration le 30 octobre 1611 à Nicolas Couchon, clerc du diocèse d'Autun et fils de son fermier. Ce Nicolas Couchon obtint les bulles nécessaires le 12 avril 1615 et il prit possession du prieuré le 19 juillet suivant.

La ville, poursuivant son dessin d'union du prieuré de Couches au collège, obtint de Nicolas Couchon la résignation de son bénéfice au profit du collège, par acte reçu Laguenne notaire à Paris le 10 février 1618. M. d'Aumont consentit au projet d'union aux conditions suivantes : 1o qu'on lui paierait une pension viagère de 1500 l. dont la ville serait garante; 2o que tous les frais de la procédure d'union seraient à la charge de la ville; 3o qu'après la mort des quatre religieux qui résidaient encore au prieuré, les Jésuites y entretiendraient un prêtre, chargé de desservir la chapelle, et un prédicateur pour l'instruction du peuple; 4o que l'on donnerait au titulaire, Nicolas Couchon, une somme de 300 ou 400 l. pour l'aider à finir ses études; M. Griselle, abbé de Flavigny, consentit aussi à cette réunion, aux conditions suivantes, par acte du 18 août 1618 : 1o qu'on lui donnerait une somme de 3000 fr. destinée à la réparation des bâtiments de l'abbaye et au rachat des propriétés aliénées, somme qui fut prélevée sur le don de 5000 l. pris sur les nouveaux affranchis, que le roi avait donnée à la ville pour aider à l'établissement du collège; 2o qu'on lui réserverait la nomination de tous les bénéfices dépendants du prieuré et en particulier de l'office de sacristain; 3o que les quatre religieux qui se trouvaient encore à Couches y seraient conservés et entretenus, et qu'après leur mort on recevrait dans le prieuré un religieux de la maison de Flavigny, à son choix; 4o que les Jésuites seraient tenus de payer à perpétuité à l'abbaye de Flavigny une rente de 100 l. pour droit de supériorité et qu'ils satisferaient à toutes les charges qui incombaient au prieuré; 5o qu'en cas que les Jésuites vinssent à quitter le collège pour quelque cause que ce fut, le prieuré retournerait à l'abbaye et à la collation de l'abbé.

Les religieux de Flavigny donnèrent aussi leur consentement, par acte du 13 septembre 1618, aux conditions suivantes : 1o que les Jésuites seraient tenus d'entretenir à perpétuité au prieuré deux religieux pour remplir l'office de sacristain et d'aumônier; 2o de recevoir à perpétuité dans leur collège d'Autun un religieux pour lui enseigner les belles lettres; de payer chaque année une rente de 20 l. en argent et six livres de cire pour le service de la sacristie de Flavigny; 4° que la ville d'Autun paierait une somme de 1800 l. à titre d'indemnité aux religieux. M. d'Arlay fit le rapport de cette affaire dans une assemblée générale des habitants, du 5 octobre 1618. L'assemblée souscrivit à toutes ces conditions en y ajoutant même que dans le cas où madame d'Aumont survivrait à son mari la ville lui continuerait la pension de 1500 l. parcequ'elle avait beaucoup aidé au succès de cette affaire.

Par nouvelle délibération du 25 février 1620, les habitans décidèrent d'employer une somme de 11200 l. provenant de l'aliénation de deux octrois sur le sel, et la somme de 5000 l. provenant du legs de M. de la Croix à l'extinction et au rachat de la pension de 1500 l. promise à M. d'Aumont. L'acte de rachat fut passé le 6 septembre suivant.

Les bulles de réunion furent accordées le 2 avril 1620, aux conditions suivantes : 1° que l'abbé conserverait la nomination du sacristain; 2° qu'il serait toujours patron des bénéfices qui dépendaient du prieuré; 3° que les quatre religieux, qui existaient au prieuré, continueraient à y faire leur résidence et qu'ils seraient entretenus à ses dépens; 4° qu'après leur décès, l'abbé conserverait le droit d'y envoyer un religieux entretenu aux frais du prieuré; 5° que la ville serait tenue de payer 3000 l. destinées aux réparations de l'église de l'abbaye et au rachat des biens aliénés; 6° que le collège sera tenu de payer annuelement à l'abbé de Flavigny la somme de 100 l. pour le droit de supériorité; 7° que le prieuré de Couches retournerait à l'abbaye en cas que le collège vînt à être supprimé ou transféré.

Le parlement refusa d'enregistrer ces bulles. Le pouvoir royal dut le contraindre au moyen de lettres de jussion auxquelles il se conforma par arrêt du 7 août 1620.

L'official d'Autun se mit en devoir de fulminer les bulles de réunion, mais l'abbé et les religieux en appellèrent comme d'abus attendu qu'elles ne mentionnaient pas toutes les stipulations convenues entre les parties. Grâce à la médiation de M. d'Arlay, ce procès naissant fut terminé par un traité notarié, en date du 25 avril 1621, stipulant que l'union aurait lieu aux clauses de la bulle, mais à condition que la ville d'Autun tâcherait de faire unir à leur mense la cure et la chapelle de Sainte Reine et qu'en cas de succès le collège ne serait plus tenu qu'à entretenir un seul religieux à Couches; il fut en outre accordé que la redevance de six livres de cire serait rachetée au prix de 120 l. et que pour l'extinction de la rente de 20 l. et pour tous autres frais la ville paierait 1800 l.

4

La ville s'exécuta ainsi. Le 1er mai 1621, quittance reçue Barolet, notaire à Dijon, elle versa les 1800 l. dues aux religieux mais en déduction de la somme de 3000 l. due à l'abbé. Le parlement homologua ce traité le 12 mai 1621; la bulle d'union fut fulminée le 17 par M. André Venot, official; les Jésuites furent mis en possession civile le 22; les bulles et leur fulmination furent enregistrées au parlement le 9 juillet.

Mais l'évêque ayant refusé de consentir à l'union de la cure et de la chapelle de Ste Reine à la mense des religieux il en résulta un nouveau procès qui, après plusieurs péripéties, fut terminé par une transaction du 5 juillet 1646, stipulant que sur les 3000 l. dues à l'abbé 2000 seraient employées au rachat d'un moulin, 400 en réparations et que 600 l. seraient attribuées aux religieux; que le droit de la nomination à la cure de Couches appartiendrait au collège; que la sacristie serait unie au prieuré; qu'après le décès des deux religieux qui existaient encore au prieuré, il n'y aurait plus de bénédictin, mais un prêtre séculier à la nomination et au choix du collège; que la rente de 100 l. due aux abbés serait supprimée. Les religieux se réservèrent la rente de 20 l. en argent et de 6 l. de cire. Cette réserve fut l'objet de nouvelles difficultés que les Jésuites préférèrent aplanir, plutôt que de plaider encore, en rachetant cette rente au prix de 450 l. dont quittance devant Renaud notaire à Dijon. Le traité de 1646 fut ratifié le 20 septembre par le supérieur général de la congrégation de S. Maur. Les Jésuites obtinrent ensuite des bulles confirmatives qui furent entérinées au parlement et au grand conseil.

Ce traité fut fidèlement observé pendant plus de cent ans. Mais en 1750, l'abbé de Flavigny ayant pris des lettres de restitution contre le traité de 1646, ce traité fut déclaré nul par arrêt du conseil du 10 juillet 1751 et les parties furent mises au même état qu'avant ce traité. L'abbé fut donc maintenu dans son droit de faire résider un religieux au prieuré de Couches, de conférer l'office claustral de sacristain et de percevoir une rente de 100 l. pour droit de supériorité. Cet arrêt fut suivi d'un nouveau traité, passé le 6 avril 1753. Lors de la dissolution de la compagnie de Jésus, le collège continua à jouir des revenus du prieuré de Couches, moyennant une rente de 500 l. payée à l'abbé de Flavigny, suivant le traité passé avec le bureau d'administration du collège, le 17 juillet 1772, reçu Missolier, notaire à Autun. » [1]

1. *Mémoires mss. sur le collège d'Autun*, réunis en 1789, par Antoine-Claude Leseure, ancien échevin, mort le 15 mars 1793, fol. 9-22. (Bibliothèque de M. Harold de Fontenay.)

Il est difficile d'évaluer quelle pouvait être la valeur du prieuré de Couches au temps où ce bénéfice fut uni au collège. Mais en tout cas, on peut affirmer que la ville n'avait pas fait une mauvaise affaire, puisque, d'après le dernier bail qui fut passé au profit du collège, le 4 septembre 1783, le revenu du prieuré s'élevait à 16,500 livres.

Les Jésuites accrurent l'importance de leur domaine de Couches par des acquisitions successives : par celle du domaine de la Croix-Vallot, faite par acte du 19 juin 1665, reçu Guyot, notaire à Autun ; d'un autre domaine en vignes, avec un moulin, dit le moulin Dardault, deux prés et une maison, par acte passé à Paris, le 15 octobre 1720 ; de différents fonds de terre, situés à Remigny, par actes des 11 mai 1648, 27 avril 1655, 14 novembre 1681, 27 mars 1735, 11 novembre 1746 ; et de plusieurs bâtiments, caves et pressoirs, à Bouhy, par acte du 16 avril 1665, reçu Guyot, notaire à Autun. [1]

La dotation du collège étant ainsi établie au moyen des revenus de la prébende préceptoriale, du prieuré de Couches et de l'octroi de cinq sols sur chaque minot de sel, la ville sollicita et obtint des Jésuites qu'en considération des grands sacrifices qu'elle avait faits, le nombre des chaires, qui était alors de quatre pour les classes d'humanités et de grammaire, serait accru d'une cinquième chaire pour l'enseignement de la rhétorique. Ce traité, reçu Ballard, notaire à Autun, le 6 juillet 1620, et qui devait avoir son effet le 18 octobre suivant, fut passé au nom de la ville par Barthélemy Darlay, vierg, Jean Dechevanes, Pierre Ballard et Pierre Desplaces, échevins, Jacques Lamy et Jean Garnier, procureurs scindics, et au nom des Jésuites par les pères Jean Bonnet, provincial de la province de Champagne, et Avit David, recteur du collège. [2]

---

1. *Mémoires mss. de Leseure*, fol. 29.
2. V. *Pièces justificatives*, n° 7.

Le pouvoir royal témoigna sa sollicitude envers le collège en lui accordant, en 1617, un secours de deux mille écus, à la recommandation du président Jeannin à qui la ville n'avait jamais recours en vain. Le fait est rappelé dans une délibération du 8 janvier 1621, où Jacques Arthault exposa que, pendant qu'il était vierg de la ville, « tant luy que maistre Philippe de Goubault, portés d'une affection et zele envers le bien public, se seroit acheminé à Paris en l'an mil six cens et dix sept, et expressement et à leurs fraictz, pour donner advis à Monseigneur le presidant Jannin de la levée du droict d'indampnité que l'on vouloit faire sur les main-mortables affranchis, et le supplyer de vouloir impetrer du roy la somme de deux mille escuz sur lesdictz deniers pour estre employés au proffict du colege des peres Jesuites dont on poursuivoit l'establissement en ceste ville d'Ostun, lequel a dict que ledict seigneur auroit trouvé bon et chu pour agreable que ledict Arthault le suivit à Mantes où le roy n'ayant faict sejour, auroit faict prandre l'advis par escript à son secretaire et soubz l'asseurance qu'il demanderoit ladicte somme à Sa Majesté. »[1]

Mais, malgré son désir d'être utile à sa ville natale, le président Jeannin ayant quelque peu perdu de vue cette demande, « pour les grandes affaires qui occupent journellement ledict seigneur[2], » Jacques Arthault « se seroit de rechefz porté en court où ledict sieur presidant par ses novelles poursuittes impetra ledict don de Sa Majesté[3]. » Grâce aux instances de Jacques Arthault, qui ne ménagea ni ses peines ni sa bourse, la ville se trouva en mesure de faire face aux charges que la transformation du collège lui imposait. La somme promise fut payée seulement en 1621 : 3,000 livres le 22 mars et le surplus quelques mois après.

1. *Reg. des délib. de la chambre de ville*, vol. XV, fol. 52.

2. Id. Ibid.

3. Id. fol. 77, 116 et suiv.

Dès la prise de possession du collège par les Jésuites, l'insuffisance des vieux bâtiments parut évidente. Maîtres et élèves, les uns et les autres en plus grand nombre que par le passé, se trouvaient également à l'étroit dans un édifice dont la modestie ne répondait plus aux besoins du moment. La question de l'agrandissement ou de la translation du collège se trouva donc posée dès la première heure. Mais, comme la ville n'était pas alors en situation de la résoudre, il fut convenu, dans le traité du 6 juillet, « que la ville ne disposait point des ressources nécessaires pour bâtir le collège, les Jésuites pourroient accorder le titre de fondateur à quiconque voudroit le bâtir et en achever la fondation, la ville se réservant le droit de préférence. » [1]

En attendant cette éventualité, rien ne fut changé dans la condition des professeurs et des écoliers qui continuèrent à habiter l'antique logis de la rue Saint-Christophe.

Le père Avit David, qui avait été le premier ouvrier de cette laborieuse fondation, mourut à Semur-en-Auxois le 1er août 1631 [2]. Il avait été remplacé, en 1621, par le R. P. Philippe Plumeret, qui avait fait sa profession religieuse le 18 octobre 1615, et qui remplit, à différents intervalles, les fonctions de recteur du collège d'Autun. « Le père Philippe Plumeret, docteur en théologie, écrit le père Perry, dans sa *Vie d'André Guijon*, a été deux fois [3] recteur du collège d'Autun, et depuis recteur du collège et université de Pont-à-Mousson. C'étoit un religieux de bon sens, de capacité et de grande vertu. » [4]

1. *Mémoires mss.* de Lescure, fol. 23.

2. D'après les notes du R. P. Sommervogel, qui a eu l'obligeance de nous fournir plusieurs renseignements sur le lieu de naissance, la date de la profession religieuse et de la mort d'un grand nombre de Jésuites qui ont enseigné au collège d'Autun.

3. Le R. P. Plumeret n'avait encore été que deux fois recteur du collège d'Autun quand le P. Perry écrivait la *Vie d'André Guijon*. Il le fut une troisième fois depuis.

4. Cette *Vie d'André Guijon*, demeurée longtemps manuscrite (anc. F. Lamare de la B. nat., n° 7338, auj. nouveau F. Fr. n° 1037, a été publiée par M. Harold de Fontenay dans les *Mémoires de la Société Éduenne*, nouvelle série, t. II, p. 193-209. Autun, gr. in-8°, 1873.

Au P. Plumeret succéda le R. P. Jean-Baptiste Martignac qui mourut à Couches, où il fut inhumé, le 6 janvier 1627 ([1]). La même année, le P. Charles Hanard remplissait les fonctions de procureur. Le P. Martignac eut pour successeur le R. P. Jacques Devault qui, au mois de septembre 1627, eut la consolation de pouvoir présenter à la mère de Chantal, alors de passage à Autun, les jeunes régents de son collège. [2]

Après le P. Devault, le P. Plumeret reprit, pour la seconde fois, la direction du collège, qu'il conserva du 4 juin 1630 au mois de juillet 1634.

La chaire de rhétorique était occupée en 1632, non sans éclat, par le P. Étienne Legrand, né en 1600 à Châtillon-sur-Seine, admis dans la compagnie le 22 septembre 1618 et à la profession religieuse le 19 octobre 1636. Il est connu par son *Histoire saincte de la ville de Chatillon sur Seine au duché de Bourgongne;* Autun, 1651, in-8°; et par la *Vie de saint Thiébaud, prêtre et confesseur, de l'ordre de Camaldoli;* Autun, 1664, in-4°.

Pendant que le P. Plumeret était recteur pour la deuxième fois, Jean Lacurne, lieutenant particulier au bailliage d'Arnay-le-Duc, légua, par son testament olographe du 23 avril 1631, tous ses biens aux Jésuites d'Autun, à la charge d'entretenir deux régents à Arnay, pour l'instruction de la jeunesse, dans une maison que la ville donnerait et qu'elle entretiendrait. Le collège entra en jouissance de cette succession et il dut plus tard payer à la ville d'Arnay une rente de 1,200 livres pour se rédimer de l'obligation d'entretenir deux régents à Arnay.

L'année suivante, 1632, eut lieu à Autun le chapitre provincial des religieux Cordeliers. Cette réunion extraordinaire donna lieu à un grand nombre d'exercices théologiques dans

1. *Hist. ms. de l'Église d'Autun,* par Bonaventure Goujon, fol. 178. B. du grand Séminaire d'Autun.
2. *Hist. de sainte Chantal,* par l'abbé Bougaud, t. II, p. 106.

lesquels le P. Plumeret et le P. Legrand occupèrent un rang
honorable. Nous en emprunterons le récit aux mémoires
manuscrits d'un contemporain :

Le dimanche 5e du mois de septembre 1632, le chapitre provincial
des révérends pères Cordeliers fust tenu en cette ville d'Ostun, et
commencèrent par une procession à unze heures du matin, et allèrent
en l'esglise St Celse et St Nazaire ou fust faict une prédication, et
icelle finie, après quelques prières s'en retournèrent au couvent où
l'on commença les disputtes de théologie où la taize estant desdiée à
Mons. le révérend evesque d'Autun, lequel y assista, et commença la
dispute si doctement et des argumentz si rares et si pressentz que
tous les auditeurs, mesmo les docteurs, entrerent en admiration, et
dura la disputte jusqu'à vespre. Le landemain y heust prédication le
matin et disputte après disné; et après vespres firent procession à
Saint Andoche. Le mardi y heust prédication le matin; après disné,
les disputtes, et après vespres la procession à Saint Jean le Grand.
Le mecredy, jour de Nativité Nostre Dame, ils firent leur procession
à huict heures du matin en l'esglise collégialle Nostre Dame, où y
heust une docte prédication, devant la grande messe au grand autel
du chœur, laquelle fust responduc en musique avec les orgues;
l'après disné les disputtes furent continuées. Le joudy y heust semblablement prédication en leur couvent à huict heures du matin, et
les disputtes l'après disné, et après vespres allèrent en procession au
couvent des Capuchains. Le vendredy, samedy, ny heust point de
processions à cause des affaires de leur couvent, mesmo la nomination de leur provincial, sçavoir le révérend père frère Claude Vallenot,
docteur en sainte théologie, cy devant grand vicaire du provincial,
qui estant décédé, avoit faict la charge de provincial, et fut conté
non comme vicaire mais comme provincial pour trois ans, et ordonné
que le chapitre provincial après lesdits trois ans se tiendra à Lyon.
Le dimanche, sur les huict heures du matin, ils firent leur procession
dernière en l'esglise Saint Lazare, portant le saint Sacrement, et là
célébrerent la grande messe au devant la balustrade du grand autel,
où l'on leur dressa un autel où ledit provincial célébra la sainte
messe du saint Sacrement fort solemnellement et responduc par les
chantres de ladite esglise à la Trinité toutte en musique, sur les violles
et les orgues. Le Chapitre leur fournit de chappes, chasubles, tunic-
ques des plus belles de leur esglise, et à l'offerte la prédication fust
faicte fort doctement. L'après disné, les disputtes continuèrent, en
touttes lesquelles les révérendz pères Jésuittes y assistèrent, mesmo

le révérend Philippe Plumeret, recteur, et révérend père Le Grand, maistre de la rhétorique, lesquels firent des merveilles par leur doc- trine, comme au semblable les révérends pères Capuchins, mesme le révérend père Matelon, lequel rendoit tous les auditeurs en admiration par le moyen de ses hautes questions et profonde doctrine. Lors estoit gardien audit couvent révérend père Saint Amabert, lequel y a encor esté continué par ledit Chapitre et eslu grand vicaire dudit provincial. [1]

A l'issue de ce chapitre, les Cordeliers proposèrent à la ville d'établir dans leur couvent un cours public de philo- sophie, moyennant 300 livres par an. Les habitants s'assem- blèrent le 10 septembre 1632 pour délibérer sur cette propo- sition, mais au lieu de l'accepter, ils furent d'avis d'établir cette nouvelle chaire au collège, et le conseil passa, le même jour, un traité reçu David, notaire, par lequel la ville s'engagea à payer annuellement aux Jésuites 300 li- vres pour l'établissement d'une chaire de philosophie[2]. Le cours commença le 19 octobre 1632 : « A la saint Luc 1634, le révérend père Étienne Legrand a continué ladicte philosophie, et après luy le révérend père Regné Lhoste[3]. » Le P. Legrand ne se borna pas à enseigner la rhétorique et la philosophie : il donna en outre de nom- breuses missions dans les différents archiprêtrés du diocèse d'Autun, et entre autres à Paray en 1671[4]. Il est indiqué comme ayant été aussi recteur des collèges de Metz, d'Autun et de Langres[5], mais les documents que nous avons consultés ne le mentionnent à Autun qu'en qualité de professeur de rhétorique et de philosophie. Il mourut à Dijon le 26 fé- vrier 1681.

1. *Hist. ms. de l'Église d'Autun*, par Bonaventure Goujon, fol. 198.

2. *Mémoires mss. de Leseure*, fol. 25.

3. *Hist. ms. de l'Église d'Autun*, par Bonaventure Goujon, fol. 170. L'auteur a peut-être confondu avec le P. Remi Lhoste, jésuite de la province de Champagne, qui fit profession le 25 avril 1631 et mourut à Pont-à-Mousson le 9 mai 1651.

4. *Un Évèque réformateur sous Louis XIV*, par H. Pignot, p. 303.

5. Id. p. 302.

Le nouvel établissement eut bientôt obtenu la faveur des personnages les plus considérables du pays. Nous en trouvons une preuve intéressante dans les volumes donnés par Charlotte Jeannin, veuve de Pierre Castille, pour être distribués en prix aux écoliers. Nous avons eu l'occasion de voir un de ces volumes, relié en maroquin rouge, doré sur tranches, aux armes de Charlotte Jeannin sur les plats, *d'azur, à un croissant d'argent surmonté d'une flamme d'or*, dans un écusson losangé entouré de la cordelière des veuves, et qui porte l'inscription suivante sur le feuillet de gardes : « Ego infra scriptus præfectus scholarum collegii Augustodunensis, Societatis Jesu, testor Jacobum Geoffroy, adolescentem ingenuum, ex liberalitate et ac munificentia illustrissimæ dominæ D. de Castille, hunc librum pro primo præmio *solutæ orationis* in quarta schola meritum et consecutum fuisse. In cujus rei fidem sigillum nostrum apposuimus Augustoduni 3 calendas januarii, anno 1633. JACOBUS ROUSSEL. »[1]

Au P. Plumeret succéda comme recteur le R. P. Henry de Saint-Fray qui exerça ses fonctions de 1634 à 1642. Les Jésuites ne furent pas longtemps sans reconnaître qu'ils étaient notablement lésés dans la modique pension de 200 livres que le Chapitre leur donnait pour tenir lieu des revenus de la prébende préceptoriale unie au collège. Ils avaient plusieurs fois tenté d'obtenir une somme plus conforme au véritable revenu des prébendes, mais toujours sans succès. Enfin, après avoir présenté une dernière requête au Chapitre en 1637, ils se pourvurent au parlement qui, par son arrêt du 28 avril 1638, adjugea aux Jésuites, en leur qualité de régents du collège, « tous les revenus, droits, fruits et profit d'une prébende canoniale de l'église cathédrale d'Autun, tels et semblables que les perçoivent chacun des chanoines actuellement présents et assistants aux heures

---

1. *Auli Gellii Noctes Atticæ*. Jean de Tournes, ꟼ. Iꟼꟼ. XXI. Ce petit volume fait partie de la bibliothèque de M. le baron d'Esplard.

et service divin, condamnant les défendeurs à les en laisser jouir, si mieux ils n'aiment leur payer annuellement la somme de trois cent cinquante livres, et à leur choix [1]. » Cet arrêt fut signifié au Chapitre qui, par acte du 28 juillet 1638, s'empressa de faire connaître son option en faveur de la somme de trois cent cinquante livres qu'il paya depuis chaque année pour les revenus de la prébende préceptoriale.

A la direction du P. de Saint-Fray se rattache aussi la création d'une deuxième chaire de philosophie. Pour subvenir à cette charge, la ville, par traité du 23 avril 1639, reçu Lacroix, notaire à Autun, céda les revenus d'un second octroi de cinq sols sur la vente de chaque minot de sel, qui avait été obtenu du roi. Par ce même traité, il fut en outre convenu que la somme de trois cents livres, promise par l'acte du 10 septembre 1632, pour la fondation de la première chaire de philosophie, serait réduite à cent cinquante livres par an, et qu'en cas de suppression de ce second octroi, la ville paierait annuellement six cents livres pour l'entretien des deux chaires. [2]

Les Jésuites, établis à Autun, ne se bornaient pas à donner leurs soins à l'œuvre de l'enseignement littéraire et philosophique. Ils contribuaient aussi à l'exposition des vérités religieuses en prenant part aux prédications de l'Avent et du Carême. Le P. Jean Motet, né à Briançon, entré dans la Compagnie en 1609, profès le 21 juin 1626, prêcha l'Avent à la cathédrale d'Autun, en 1638 ([3]). Après avoir cessé ses fonctions de recteur, le P. de Saint-Fray se fit aussi entendre à la cathédrale pendant l'Avent de 1653, et mourut à Verdun, le 25 juin 1664. Il eut pour successeur le P. Plumeret, qui

---

1. Arch. de la ville d'Autun. *F. du collège*.

2. *Délib. de la chambre de ville*, vol. XX, fol. 183. *Mémoires mss. de Leseure*, fol. 25.

3. *Reg. capit. B.* de la Société Éduenne. Le nom du P. *Motet* est écrit *Mote* dans les *Registres*. Nous adoptons ici, comme plus sûre, l'orthographe qui nous est donnée par le R. P. Sommervogel. Le P. Motet mourut à Pont-à-Mousson le 15 décembre 1662.

exerça pour la troisième fois les fonctions de recteur, pendant une année seulement, de 1642 à 1643, et mourut à Pont-à-Mousson, le 25 février 1663.

Les Jésuites n'avaient jamais perdu de vue le projet de procurer au collège une installation plus vaste et plus commode. C'est dans ce but, qu'usant de la faculté, que les lettres patentes de 1608 leur avaient donnée, d'acheter les maisons et jardins voisins, propres à l'extension de leur établissement, ils avaient successivement acquis les immeubles suivants : la maison Tixier, par acte reçu Moreau, du 13 août 1639; le jardin Isambert, par acte reçu Guyot, le 12 octobre suivant; la maison dite le fief de la Roche ou de Ganay, par acte reçu Guyot, le 22 octobre 1641; la maison Duret, par actes reçus Guyot, les 30 juin et 17 juillet 1642; la maison de Siry, par acte reçu Guyot, le 30 août 1659; la maison Jobart, par acte reçu Guyot, le 23 décembre suivant; la maison de la Mare, par acte reçu Jaulpoy, le 5 mai 1660; la maison de la Thoison, par acte reçu Laguille, le 3 septembre 1675; la maison Barrault, par acte reçu Brenot, le 15 mai 1709 ([1]). C'est ainsi que leur prévoyante et industrieuse sollicitude préparait l'emplacement sur lequel le collège actuel fut élevé. Aussi l'échevin Leseure était-il fondé à rappeler en 1789, « qu'il est bon de savoir que tous les biens dont le collège jouit à présent ne viennent pas de la dotation de la ville ni même de la réunion du prieuré de Couches, mais que la plus grande partie est due aux soins des Jésuites. »[2]

Dès 1643, les premières acquisitions permirent de quitter l'ancien collège et d'établir le nouveau dans les maisons récemment acquises. Par acte du 5 mars 1643, les Jésuites aliénèrent au profit des religieuses Jacobines la maison du collège, qui occupait l'emplacement actuel des numéros 7 et 9 de la rue Saint-Christophe, 1 de la rue Neuve et 6 de la rue du Vieux-Collège qui en a retenu le nom. Cet acte fut

1. *Mémoires mss. de Leseure*, fol. 26.
2. Id. Ibid.

ratifié par le conseil de ville le 9 du même mois, « pour la subrogation que lesdits révérends pères ont faicte de la maison de Ganay pour servir de collège à ladicte ville, au lieu de celluy qu'ils ont vendu auxdictes dames Jacobines : ledict achapt estant de 7500 livres, payées par Mre Vivant de la Creuse, et de conséquent qu'il est le fondateur. Ledict sieur Vivant de la Creuse a esté enterré en ladicte esglise le xe novembre 1645. Il est le premier enterré en ladicte esglise [1]. » Pour terminer ce qui concerne l'histoire d'une maison où les écoles d'Autun avaient existé pendant plusieurs siècles, nous ajouterons qu'après la suppression des religieuses Jacobines, en 1757, leur couvent fut destiné à servir à l'usage du petit Séminaire. Il conserva cette destination jusqu'au 30 janvier 1784, époque à laquelle la chambre diocésaine, administrant les biens du petit Séminaire, le vendit à M. Rérolle, garde-marteau en la maitrise des eaux et forêts d'Autun. [2]

Les Jésuites commencèrent par édifier, pour l'usage de leur maison, une chapelle que occupait l'emplacement de l'église actuelle de Notre-Dame et qui fut bénie par M. de Ragny, évêque d'Autun, le 15 février 1643. Elle fut ornée en 1655, d'un retable « très beau pour le temps [3], » qui fut donné aux Capucins, en 1763.

Mais les immeubles récemment acquis étaient grevés d'une servitude qui rendait leur aménagement très difficile. Ils étaient traversés par une rue, dite la *rue de Masoncles*, qui partait du Champ-de-Mars, coupait la rue aux Rats et aboutissait à l'église Saint-Pierre de Saint-Andoche. Les différents locaux scolaires se trouvaient ainsi isolés les uns des autres, au grand préjudice de la discipline et du travail. Pour remédier à un aménagement aussi défectueux et aussi incommode, les Jésuites sollicitèrent et obtinrent de l'assem-

1. *Hist. ms. de l'Église d'Autun*, par Bonaventure Goujon, fol. 183.
2. *Mémoires mss. de Lescure*, fol. 2.
3. Id. fol. 20.

blée générale des habitants, le 4 janvier 1643, l'autorisation d'occuper la rue de Masoncles et de la réunir à l'enclos du collège, en cédant en échange l'espace nécessaire à l'ouverture d'une rue nouvelle qui devait s'ouvrir un peu au-dessus de la promenade actuelle de la Terrasse et procurer une desserte avantageuse à la rue aux Rats et au quartier de Saint-Andoche[1]. Mais cette proposition rencontra plusieurs obstacles. L'abbesse et les paroissiens de Saint-Andoche la combattirent, en alléguant qu'elle rendait plus difficile l'accès du monastère et de l'église paroissiale. En outre, la rue de Masoncles[2] faisait la séparation des deux paroisses de Notre-Dame du Chatel et de Saint-Pierre de Saint-Andoche, et le projet des Jésuites avait pour effet de modifier les circonscriptions paroissiales. Un procès s'engagea et le débat fut porté au grand conseil qui, par son arrêt du 19 juin 1643, ordonna qu'il serait dressé un plan des lieux et un procès-verbal du dire des parties. Cet arrêt fut exécuté le 29 janvier 1659 par-devant un maître des requêtes qui se transporta dans ce but à Autun. Ce procès se termina par une transaction stipulant qu'au lieu d'ouvrir la rue nouvelle au-dessus de leur église, les Jésuites l'ouvriraient un peu au-dessous, du côté du nord, ce qui fut accepté de part et d'autre. La rue nouvellement percée reçut le nom de *rue Neuve* qu'elle a toujours conservé depuis. Cette opération

---

1. « Les syndics ayant adhéré à la pluralité des voix, a esté resolu, supputation faite des opinions, qu'il sera permis aux pères Jésuites d'enclore *la rue Mazoncle* au pourpris de leur maison lorsqu'ils voudront bastir et après qu'ils auront donné une autre rue de mesme largeur et longueur à leurs frais. » *Délib. de la chambre de ville,* vol. XXI.

2. On trouve dans un acte passé, le 12 avril 1458, par-devant Guillaume Ganay, notaire à Autun, en présence de Barthélemy de Vesvre, prêtre, et de Anthoyne de Maison-Comte, le nom de Pierre de Masoncle, achetant de Étienne Micheletet, notaire, une maison située « ou chastelet Saint Andolche d'Ostun, en la rue par laquelle l'on va dudit Saint Andolche en *Chaulmont sur Mugnes...* tenant par derrière à la petite ruelle par laquelle l'on va de *la fontaine de Prevain* audit Chaulmont, appellée la *ruelle es Raz...* et es murs de la maison qui fut à feu messire Jehan Ferroillon, jadiz curé de Saint Pierre dudit Saint Andolche, appartenant de present à messire Guillaume Blondet, prebstre, etc. (Arch. dép. de S.-et-L. F. de *l'abbaye de Saint-Andoche.*)

laissait en dehors de l'enclos du collège, à droite de la rue
Neuve, une bande assez étroite de terrain, sur laquelle les
Jésuites élevèrent trois petites boutiques qui étaient louées
131 francs en 1763 (1). Bien que la suppression de la rue de
Masoncles ait rendu incertaine et litigieuse la question de
la paroisse dont dépendait le collège, il fut établi, lors d'une
contestation, en 1776, que le curé de Saint-Pierre de Saint-
Andoche y avait toujours exercé les fonctions curiales. 2

Au P. Plumeret succéda comme recteur le R. P. Pierre
Magnard, au mois de mai 1643. En 1644 et 1646, nous
trouvons le R. P. Mathiat en qualité de procureur 3. Par
décision du 24 novembre 1647, le Chapitre permit aux six
enfants d'aube et à leur maître « d'aller aux Jésuittes pour
l'office de saint François Xavier. » 4

En donnant son consentement à la translation du collège,
la ville prétendait bien ne pas laisser perdre ni diminuer
ses droits de propriété. Pour les rendre plus sensibles et en
quelque sorte manifestes à tous, le conseil de ville décida, le
23 février 1651, que l'échevin Durand serait prié « d'aller près
la mère des religieuses Jacobines de ceste ville pour obtenir
d'elle la pierre qui est sur la grande porte de leur couvent où
sont les armes de la ville, et [au cas] où lesdictes religieuses
ne la vouldroient donner, attendu que ladicte pierre n'a
pehu estre comprise dans la vente que la ville a permis estre
faicte par les peres Jesuittes auxdictes religieuses Jacobines,
que le sieur Durand la fera oster et apposer sur la grande
porte du collège des Jesuittes, pour servir de marque que
ledict collège appartient à la ville. » 5

Le R. P. Jean Bompain, qui avait exercé les fonctions de
procureur en 1648, et qui avait été remplacé en cette qualité

---

1. *Mémoires mss. de Leseuré*, fol. 54.
2. Id. fol. 57.
3. *Reg. de la ch. des comptes du Chapitre d'Autun.* Arch. dép. de S.-et-L.
4. *Reg. capit.*
5. *Reg. des délib. de la chambre de ville*, vol. XXII, fol. 163.

en 1650, par le P. François Sousselier[1], était recteur du collège en 1654. Le 12 mars de cette année, il se présenta devant le conseil de ville pour l'informer de la découverte d'un ancien aqueduc, qu'il avait faite entre la fontaine Saint-Ladre et la collégiale de Notre-Dame.[2]

Parmi les professeurs qui enseignaient à cette époque au collège, nous citerons le P. Aubertin qui, le 13 août 1655, assista à ses derniers moments Adrien Pillot, l'un de ses écoliers, tragiquement assassiné, à l'âge de dix-huit ans, dans un odieux guet-apens.[3]

Les Jésuites, on le sait, avaient l'usage de développer la mémoire et les facultés oratoires de leurs écoliers au moyen d'exercices dramatiques auxquels prenaient part les meilleurs élèves des classes supérieures. Ces exercices étaient propres, en outre, à former la diction et le maintien, à préparer les jeunes gens à la vie publique dans laquelle ils allaient entrer et à leur donner cette assurance aisée et naturelle que réclament les différentes professions. Souvent écrits en latin, ils contribuaient aussi à rendre la langue de Cicéron et de Virgile plus familière et constituaient ainsi un moyen élevé d'enseignement non moins que d'éducation et de récréation.

En procurant à leurs écoliers ces ingénieux divertissements, les Jésuites ne croyaient nullement déroger à la gravité de leur profession. Ils pensaient, ainsi que l'a si bien dit un éminent critique, « qu'on peut être chrétien dans le monde, y porter la loi de Dieu et l'y garder; que le théâtre même peut l'être et qu'il n'y a pas une incompatibilité absolue entre la morale et la comédie; doctrine généreuse et charitable, mais qui n'est pas relâchée, quoi qu'on en dise, car elle impose au monde beaucoup d'obligations en retour de

---

1. *Reg. de la ch. des comptes du Chapitre*, années 1650-1654. Arch. dép. de S.-et-L. F. du Chapitre d'Autun.
2. *Délib. de la chambre de ville*, vol. XXIII, fol. 153.
3. *Livre de raison ms. de la famille Pillot.*

beaucoup de liberté [1]. » On ne peut mieux exprimer cette intelligence supérieure que les Jésuites avaient du monde, de ses nécessités et de ses écueils, et leurs efforts pour préparer leurs élèves à y paraître et à y vivre chrétiennement, dans toutes les conditions. Oui, doctrine généreuse, parce qu'elle prend le jeune homme avec sa légèreté, son besoin d'action, ses dispositions à essayer ses forces, à les développer et à s'en parer ; prévoyante et charitable aussi, parce qu'elle ne propose pas la tristesse, l'ignorance et l'ennui comme une sauve-garde et parce qu'à chaque faiblesse elle donne un appui ; non relâchée cependant, parce qu'elle ne perd jamais de vue les grands devoirs de l'existence et que, sans omettre les conseils évangéliques réservés au petit nombre, elle s'attache d'abord aux préceptes obligatoires pour tous.

Cette méthode d'enseignement et d'éducation reçut aussi son application au collège d'Autun, comme dans les autres maisons que les Jésuites dirigeaient à Paris et dans les provinces. Nous en constatons pour la première fois l'usage entre 1655 et 1660, au moyen du programme imprimé de l'exercice dramatique qui fut exécuté le 2 septembre, par les élèves du collège d'Autun. Bien que la date de l'année ait été omise, on peut cependant attribuer avec assez d'exactitude cet exercice à l'époque indiquée, à l'aide du nom des écoliers qui ont pris part à l'action.

Le thème était la vie, ou, ainsi qu'on eût dit plus anciennement, *les gestes* de saint Léger, évêque d'Autun et martyr : sujet heureusement choisi, tiré de l'histoire religieuse et politique de la cité et propre à exciter l'intérêt particulier des auditeurs, en faisant passer sous leurs yeux cet important épisode des annales éduennes. Il convient de donner ici de cette œuvre latine une analyse susceptible d'accroître les précieuses notions recueillies par M. Boysse sur *le Théâtre des Jésuites*. [2]

1. *Jean-Jacques Rousseau*, par Saint-Marc Girardin, t. II, p. 49.
2. Paris, 1880, in-12.

Ce programme, imprimé en forme de grand placard in-folio, est orné en tête de trois vignettes : au milieu et dans un cartouche, le monogramme de la Compagnie de Jésus, I. H. S., avec la légende *Nomen Domini laudabile ;* à droite, la figure du fondateur de la Société, B. P. IGNATIUS DE LOIOLA ; à gauche, celle de l'apôtre des Indes et du Japon, B. P. FRANCISCUS XAVERIUS. La suite fait connaître le titre, le sommaire des actes et le nom des écoliers qui prirent part à l'exercice.

La pièce a pour titre : *Leodegarius Heduorum episcopus, ex Sigiberto, Ursino, nec non vetustis S. Lazari urbis patroni monumentis* [1]. Au premier acte, Ebroïn et saint Léger sont réunis au monastère de Luxeuil qui leur sert de prison. Ebroïn rêve de reprendre son rang de maire du palais, dont il a été déchu, de substituer au roi Childéric, récemment massacré, un prétendu fils de Clotaire, du nom de Clovis, et de se débarrasser, par le meurtre, de l'évêque d'Autun qu'il hait comme l'auteur de sa disgrâce et l'adversaire de ses projets. Pendant que, sous l'inspiration du démon, Ebroïn forme ce complot à l'aide de Dodon, de Waimer et de quelques autres complices de ses desseins, les magistrats d'Autun viennent trouver saint Léger pour l'inviter à revenir au milieu d'eux. Au moment du départ, la vue d'une comète semble présager un désastre prochain. L'évêque échappe aux sicaires apostés pour l'assassiner. Ebroïn s'élance à sa poursuite après avoir proclamé roi Clovis III, et se prépare à assiéger Autun.

Le second acte se passe à Autun où saint Léger est accueilli par les acclamations de tout le peuple. Au milieu de ces transports de joie, on annonce l'arrivée d'Ebroïn, qui l'a suivi de près et qui se dispose à assiéger la ville. Les citoyens se réunissent, tiennent conseil et prennent la résolution d'opposer la force à la force. Pendant ces préparatifs de la

---

1. V. plus loin, pièce n° 8, ce programme que nous reproduisons d'après l'exemplaire que possède la bibliothèque de la Société Éduenne.

résistance, un messager est envoyé au dehors pour connaitre les intentions d'Ebroïn qui a répondu que saint Léger seul était l'objectif de la guerre, et non la cité. A cette réponse, pour mettre fin à la lutte et épargner à la ville les horreurs d'un assaut, le saint évêque se décide à se remettre entre les mains de son ennemi, malgré les prières et les larmes du peuple qui tente vainement de s'opposer à ce sacrifice. A peine arrivé au camp d'Ebroïn avec son compagnon, le fidèle Théophile, ils sont l'un et l'autre privés de la vue et remis au pouvoir de Waimer qui a reçu l'ordre d'abandonner l'évêque à la dent des bêtes féroces.

Au troisième acte, le duc Waimer, touché de repentir, se refuse à pousser plus loin la vengeance d'Ebroïn : il met en liberté saint Léger. Le prétendu Clovis III est puni par l'abandon d'Ebroïn qui se rallie à la cause de Thierry et emploie le pouvoir du nouveau roi à faire poursuivre saint Léger, son frère Warin et le duc Waimer.

Le quatrième acte est destiné à mettre en scène le triomphe, la vengeance et le châtiment d'Ebroïn. Celui-ci exerce le souverain pouvoir au nom de Thierry III. Saint Léger et Warin lui sont amenés. Il donne l'ordre, bientôt exécuté, de les mettre à mort : l'un est décapité et l'autre lapidé. Mais sa hauteur et son insolence ont excité la haine du comte Hermenfrid qui s'empare de sa personne et le met à mort.

Il semblerait que le drame dût finir ici : mais convenait-il que l'action se terminât par tous ces meurtres, sans que la sainteté de saint Léger ait trouvé sa récompense et que les crimes d'Ebroïn aient reçu leur châtiment? Le cinquième acte est destiné à l'accomplissement de cette justice posthume. Il était également à propos de ne pas laisser l'imagination des jeunes auditeurs sous la sombre et décourageante impression de tous ces supplices. Pour le chrétien, d'ailleurs, le véritable dénoûment du drame humain ne s'accomplit pas ici bas. Le corps de saint Léger est porté

avec pompe par les habitants de ces trois régions, du Poitou,
d'Autun et de l'Artois, auxquelles se rattache le grand
évêque par son origine, son épiscopat et son martyre. Dans
la foule se trouve aussi le compagnon de saint Léger, Théophile, privé de la vue, guidé par son ange gardien, et regrettant
de n'avoir pas partagé le sort de son maître. Tout à coup se
fait entendre la voix des démons qui entraînent le misérable
Ebroïn au fond des enfers. L'ange évoque l'ombre de saint
Léger, de son frère Warin et d'Ebroïn, qui se retrouvent ainsi
en présence. Le tribunal se dresse ; l'ange, armé du glaive,
remplit l'office de juge. Ebroïn comparaît : accusé, convaincu,
malgré ses excuses, ses prières, ses supplications, il perd
son procès et est condamné au feu éternel. Le sol s'entr'-
ouvre, laissant apercevoir les flammes qui s'en échappent,
et Ebroïn disparait dans l'horrible gouffre. Mais pour ne pas
laisser le spectateur sous l'impression de ce lugubre dénoûment, le drame se termine par un divertissement en musique,
destiné à représenter et à célébrer le triomphe de l'Église
d'Autun vengée de l'oppression que la tyrannie d'Ebroïn
faisait peser sur elle.

Tel était cet exercice dramatique, qui tenait à la fois de
la tragédie, par le côté historique du sujet et par le dénoûment, et de l'ancien mystère par le mélange du merveilleux,
l'intervention des anges et des démons, le jugement et la con-
damnation du coupable après sa mort ; le tout terminé par le
triomphe de l'Église d'Autun, au bruit des chants et au son des
instruments, de façon à satisfaire à la fois l'esprit, les oreilles
et les yeux. Mais c'était en réalité moins un retour aux
anciens mystères du moyen âge qu'une tentative pour
échapper à l'inévitable thème grec ou latin et arriver au
drame national à l'aide des sources les plus authentiques
de notre histoire.

L'auteur de cette tragédie nous est inconnu. Nul doute
qu'un des professeurs du collège n'ait eu une grande part à
l'œuvre, et que les élèves eux-mêmes n'aient composé la

plus grande partie de leur rôle sur un thème préparé et disposé pour servir de cadre aux différentes scènes de l'action : œuvre commune qui unissait l'art du maître au savoir-faire des écoliers et mettait ainsi en évidence le mérite de chacun. Plus loin, nous trouverons encore d'autres exercices semblables à celui-ci.

En 1659, le P. Jean le Moleur exerçait les fonctions de procureur du collège. Au P. Bompain succéda comme recteur le R. P. Louis Marie, en 1660. On possède de lui un *Carmen iambicum*, assez étendu, qu'on lit au commencement des *Flores historiæ sacri collegii cardinalium,* par Louis Doni d'Attichy, évêque d'Autun [1]. Ce *Carmen* est suivi d'une autre petite pièce de poésie latine, en l'honneur et à la louange du même prélat, par le père Claude Valon, professeur au collège d'Autun.

Par son testament olographe, en date du 12 juin 1662, Jacques Dupasquier, curé de Dracy-Saint-Loup, légua tous ses biens au collège, dans le but de faire donner des missions par les Jésuites dans les différentes paroisses de la ville. « On ne doit pas s'occuper aujourd'hui de cette fondation, écrit M. Lescure en 1789, parce qu'elle n'a pas été faite pour être exécutée à perpétuité, mais seulement jusqu'à concurrence des biens du fondateur, et il est à croire que les Jésuites ont rempli à cet égard la volonté du curé de Dracy-Saint-Loup. » [2]

Le P. Louis Marie, mourut à Auxerre, le 11 septembre 1665. Son successeur fut le R. P. Nicolas Gaudet. Celui-ci avait fait profession le 2 février 1639. Il occupait encore les fonctions de recteur du collège d'Autun en 1668 et mourut à Sens, le 7 mai 1676. Le P. Henri Jeannon remplissait, en 1670, l'office de procureur dans lequel il fut remplacé par le P. Patriarche qui le conserva jusqu'en 1733. Au P. Nicolas Gaudet succéda comme recteur le R. P. André Dupérier.

1. Paris, 1660, In-fol.
2. *Mémoires mss. de Lescure,* fol. 33.

Dans le but de procurer aux jeunes gens les délassements
honnêtes et les exercices salutaires qui conviennent à la
santé, les Jésuites, par acte du 5 janvier 1675, achetèrent une
maison et un vaste enclos, situés à droite du chemin qui
conduit de Saint-Blaise à Riveau, pour servir de maison
de campagne. Pour accroître l'espace destiné aux jeux des
écoliers, ils obtinrent du Chapitre, par acte du 12 avril 1713,
la cession des maison et enclos communément appelés
le Réfitou, destinés aux distributions de pain que l'église
cathédrale faisait autrefois aux pauvres pendant le Carême.
Cette aumône ayant été convertie en une rente de 500 bois-
seaux de seigle au profit de l'hôpital d'Autun, en 1668, la
jouissance de l'ancien réfectoire et de ses dépendances fut
cédée aux Jésuites, aux prix de 55 livres par an, en déduction de la somme de 350 livres que le Chapitre leur devait
pour la prébende préceptoriale. [1]

C'est delà que cette propriété a tiré son nom de *Petit-
Collège,* qu'elle a toujours conservé depuis, malgré son changement de destination. Après la suppression des Jésuites, le
bureau d'administration jugeant cet agrandissement superflu,
renonça au bénéfice de l'acte de 1713 qui assurait au collège
la jouissance du *Réfitou* et il en opéra la rétrocession au
Chapitre. En 1789, ce terrain était occupé par une société
d'amis qui s'y exerçait à l'arc. [2]

En 1677, les magistrats municipaux conçurent la singu-
lière prétention d'intervenir dans la direction intérieure du
collège et d'être consultés sur les questions disciplinaires.
Le 4 mars, Jean Godillot, syndic de la ville, exposa « que
les reverends peres Jesuistes de cette ville ont chassé du
collego plusieurs enfans de la ville sans aucun subject, ce
qu'ils ne peuvent faire estans obligés d'enseigner, pourquoy
leur en ayant parlé s'est pleint plusieurs fois de ce qu'ils

1. *Mémoires mss. de Leseure,* fol. 28. — *Reg. capit.,* fol. 319.
2. *Mémoires mss. de Leseure,* fol. 51.

ont faict reffus de les recepvoir, ce qui l'a obligé de les
faire assigner à ce jourd'huy par exploict, qu'il nous represente, dehuement controllé. C'est pourquoy il requiert qu'il
faut qu'il leur soit ordonné d'ouvrir les portes à ces enfans
et tous autres de la ville et y demeurans pour ouyr l'expli-
cations des regents et recepvoir les leçons à la maniere
accoustumée, avec deffense de par cy après en expulser aucun,
ensemble qu'il soit dict que les faultes capables d'expulser
les escholiers seront reglées par Messieurs les magistrats de
cette ville comme ayant institué et dotté le college[1]. » L'assemblée se borna sagement à donner acte au procureur
syndic de ses réclamations, sans le suivre sur un terrain
aussi dangereux et sans leur donner autre suite.

Le R. P. Dupérier, qui était encore en fonction, en 1678,
mourut à Pont-à-Mousson, le 9 février 1683. Il eut pour
successeur le R. P. Nicolas Viennot.

Par acte du 24 septembre 1681, reçu Brossard, notaire à
Autun, Toussaint-Joseph Brunat, curé de la paroisse de
Saint-Germain-de-Rosier, près de Toulon-sur-Arroux, légua
au collège les revenus nécessaires pour la fondation d'une
mission qui devait être faite tous les deux ans, tour à tour,
dans chacune des paroisses de Luzy, Saint-Léger-sous-Beu-
vray, Saint-Didier-sur-Arroux, Lucenay, Rosier et Toulon[2].
Le R. P. Viennot, qui exerçait encore le rectorat en 1686,
mourut à Verdun, le 12 avril 1696.

Le P. Joseph de Lorcy et le P. Joseph Roxard étaient
régents de philosophie en 1691.

Nous trouvons ensuite le nom du R. P. Jean Bailly, recteur du collège en 1694, mort à Douai, le 17 mars 1701.

En même temps que les Jésuites donnaient leurs soins à
l'enseignement de la jeunesse, ils continuaient aussi le minis-
tère de prédication et d'apostolat auquel la confiance des

1. *Reg. des délib. de la chambre de ville*, vol. XXXII, fol. 42.
2. *Mémoires mss. de Lescure*, fol. 33-37.

évêques d'Autun les avaient appelés. Gabriel de Roquette, en particulier, trouva en eux des collaborateurs zélés qui secondèrent ses projets de réforme et parvinrent à préserver le diocèse de l'invasion des doctrines jansénistes. Grâce à lui et à eux, ces erreurs, qui ont laissé en tant de lieux de la Champagne et de la basse Bourgogne des traces de leur existence, ne réussirent pas à s'établir et à s'étendre dans le diocèse d'Autun. Parmi les orateurs qui occupèrent alors la chaire de la Cathédrale, nous citerons le P. François Mathieu pour les stations de l'Avent de 1660 et du Carême de 1661 ; le père Valon pour celles de 1662 et 1663 ; le père Sautereau pour celles de 1665 et 1666 ; le père Denerville pour celles de 1670 et 1671 ; le père Michel pour celles de 1675 et 1676, et le père Le Moleur pour celles de 1677 et 1678. [1]

Au P. Jean Bailly succéda, comme recteur du collège, le R. P. Henri Lavallée, de 1695 à 1699. Celui-ci eut pour successeur le R. P. Jacques Lespagnol, qui exerça le rectorat du 30 janvier 1699 au 28 mai 1701, et mourut à Auxerre, le 4 novembre 1703.

Il fut remplacé par le R. P. Joseph Verry. Le professeur de rhétorique était alors le P. Ignace Josselin, né à Verdun, le 28 octobre 1677, admis dans la Compagnie le 16 octobre 1693, successivement professeur de quatrième à Sédan de 1695 à 1696, de seconde à Dijon de 1700 à 1701 et de rhétorique à Autun de 1701 à 1703. Le père Josselin a laissé de son passage au collège un souvenir agréable dans un petit poème, en latin macaronique, sous le nom de *Ladralia seu guerra Autunxa*, contenant une description burlesque des jeux militaires qui avaient lieu chaque année à Autun, le 1er septembre, à l'occasion de la fête patronale de la Saint-Ladre. A ces fêtes accouraient tous les habitants du voisinage, de dix lieues à la ronde : pauvres gentilshommes vêtus de

1. *Reg. capit.*

la *hongreline*[1], sur leur maigre rossinante, *cabris* de Montcenis, *ânes* de Beaune, *veaux* d'Arnay[2], *manants* de Saulieu,
ainsi que les désignait leur antique surnom, natifs de
Château-Chinon, se pressaient en foule pour prendre part
soit aux divertissements, soit aux affaires de toute sorte
et aux marchés dont cette grande réunion annuelle était
l'objet :

> .... Qui Ligeris rivagia late
> Cultivat, et qui Ararim potat venit agmine longo.

Les chevaux au piquet et les bœufs ruminant sous le
joug couvraient les vastes espaces compris entre la ville
moderne et l'enceinte romaine, pendant la vente des produits
de la terre, l'achat des provisions de toute l'année et l'échange
des nouvelles entre gens sortant rarement de chez soi et
n'ayant guère d'autre occasion de se rencontrer. Mais la présence des marchands étrangers et des artisans nomades, le
besoin de vendre et d'acheter, le désir de se trouver à ce
grand *emporium* de toute la région, n'étaient pas le seul
attrait offert à la curiosité. Un autre spectacle attirait aussi
la foule.

---

1. *Hongreline*, vêtement originaire de Hongrie, usité en France vers 1610 et
qui passa dans le costume militaire vers 1640. « Il consistait en une sorte de
paletot, boutonné sur le devant et fendu tout autour à partir des hanches. En
acquérant un peu plus de longueur et en se garnissant de boutons et de poches,
la *hongreline* devint, vers 1672, le justaucorps. » (V. Quicherat, *Histoire du costume en France*, p. 458, 485, 542.) Son usage dans l'armée en avait fait le costume
préféré des gentilshommes qui le conservaient, dans la vie civile, en souvenir de
leur profession et comme un moyen de se distinguer des robins ; il était porté
surtout par les gentilshommes pauvres qui ne pouvaient renouveler souvent leur
garde-robe. C'est ce dernier sens qu'a en vue le P. Josselin : « On appelle ici
Ongrelins les gentilshommes les plus pauvres », dit un annotateur ms. du poème
du P. Josselin, qui écrivait en 1814. (V. l'exemplaire de l'*Histoire de la ville
d'Autun*, par Rosny, annoté par l'abbé Troufflaut, B. de la Société Éduenne.)
C'est ainsi que, même au commencement de ce siècle, la qualification subsistait
encore, bien que le costume qui lui avait donné naissance ait cessé depuis longtemps
d'être en usage.

2. C'est de ce passage de l'œuvre du P. Josselin, *Arneti læta juventus*, qu'a été
tirée la joyeuse devise qui entoure encore aujourd'hui l'écusson de la ville d'Arnay-
le-Duc. Les habitants ignorent peut-être qu'ils la doivent à un Jésuite.

Au milieu de la place connue sous le nom de Champ-Saint-Ladre et dont les promenades plantées et les constructions n'avaient pas alors réduit la vaste surface, on élevait un fort en bois que la milice bourgeoise de la ville, divisée en deux camps, était chargée de défendre contre un nombre égal d'assaillants.

Ces jeux, qui dans le principe avaient sans doute pour objet d'entretenir les qualités militaires de la population ou de célébrer quelque siège autrefois soutenu par la ville, étaient alors bien déchus de leur antique éclat. A la faveur de la paix profonde dont jouissaient depuis longtemps les habitants de la France centrale, les habitudes guerrières s'étaient peu à peu perdues, le guet et garde n'était plus observé qu'en temps d'épidémie, et les murailles, à demi écroulées, ne servaient plus à défendre que les revenus de l'octroi. Ces vieux exercices s'étaient ressentis de ce changement apporté aux mœurs de la population ; ils avaient pris une allure bourgeoise et pacifique qui contrastait avec leur origine et leur objet. Si malgré leur déchéance, ils étaient encore demeurés chers au cœur des habitants, ils n'avaient pas le même prestige aux yeux railleurs de l'étranger. Celui-ci ne pouvait guère, en effet, prendre bien au sérieux ces paisibles bourgeois, ces menuisiers, perruquiers, apothicaires, qui avaient troqué leur instrument professionnel et distinctif pour prendre le mousquet et l'épée : l'un, une vieille arquebuse rouillée ; l'autre, la carabine de son aïeul ; celui-ci une épée du temps de Henri IV ; celui-là, un ceinturon remontant aux guerres de la Ligue, armes que leur bras, habitué à d'autres exercices, ne maniait peut-être pas avec autant de dextérité :

.... Ante alios hic regardabilis omnes,
Albardam pariter bonus et portare seringam,
Raffatinus, melior tamen inferiora ferire
Terga hominum quam pectus erat.......

Le P. Josselin assista à ces jeux en 1701 (¹) et, estimant que le latin était bien grand pour décrire une aussi petite guerre et que la langue de Lucain convenait peu à une telle *Pharsale*, il donna à son poème le style macaronique qui lui sembla plus conforme aux exploits des Césars et des Pompées qu'il avait sous les yeux. On s'amusa sans doute beaucoup alors de l'œuvre du P. Josselin, ainsi qu'on peut le croire d'après le grand nombre de copies qui en furent faites; l'une, due au président Bouhier, est conservée aujourd'hui à la bibliothèque de l'école de médecine de Montpellier, sous le n° 129; les autres se rencontrent encore fréquemment dans certaines bibliothèques particulières. Plus tard, ce léger badinage, qui n'avait pas cessé d'être goûté, fut traduit en vers français par l'abbé Pierre-Louis Lenoble, chanoine de la collégiale Notre-Dame d'Autun, l'agréable auteur de la *Roussillonade*, mort en 1756. Mais le traducteur a étendu l'œuvre originale : celle-ci se composait seulement de 183 vers, tandis que celle-là n'en compte pas moins de 262. De nos jours, le poème du P. Josselin, suivi de la traduction faite par l'abbé Lenoble, a été publié dans *l'Almanach du département de la Nièvre* de 1865 (²). La traduction par l'abbé Lenoble avait déjà été imprimée dans *l'Annuaire de Saône-et-Loire* de 1851 (³). L'œuvre du P. Josselin se lit encore avec plaisir. Nous la publions donc plus loin, avec la traduction de l'abbé Lenoble, comme une amusante peinture des vieux jeux de la Saint-Ladre et un souvenir des ébats littéraires, par lesquels le professeur de rhétorique du collège d'Autun divertissait ses écoliers en 1701. (⁴)

1. Le ms. que nous avons en notre possession et celui qui se trouve à la suite de l'*Histoire de la ville d'Autun*, par Rosny, portent la date de 1701.

2. Nevers, 1865, in-12. — Cette édition faite d'après une copie provenant de l'abbé Troufflaut, chanoine d'Autun, contient plusieurs indications inexactes. L'auteur est appelé *Rosselin* au lieu de *Josselin;* il est désigné comme professeur au collège d'Autun en *1708,* tandis que la date est celle de 1701 à 1703; enfin l'abbé Lenoble est indiqué comme chanoine de la *collégiale de S. Lazare,* au lieu de la *collégiale Notre Dame.*

3. P. 167 à 173. Mâcon, Dejussieu, in-12.

4. V. plus loin *Pièces justificatives,* n° 9.

En quittant Autun, le P. Josselin fut envoyé à Verdun où il professa les humanités de 1703 à 1704, puis à Enrisheim où il étudia la philosophie de 1704 à 1705. Élevé au sacerdoce vers 1710, et admis à la profession religieuse, le 2 février 1711, il prêcha à Reims de 1711 à 1712 et mourut le 4 octobre 1749, à la résidence de Saint-Mihiel dont il était supérieur. Si nous en croyons un bibliographe autorisé [1], il aurait composé, en 1707 ou 1708, une ode au duc d'Orléans sur la prise de Lérida, dont une strophe a été publiée dans *la Clef du cabinet des Princes* [2], et en 1717, une oraison funèbre de Louis XIV, imprimée à Pont-à-Mousson.

En 1704, les écoliers du collège donnèrent un exercice dramatique, accompagné de musique et de chants, à l'occasion du sacre de M. Bertrand de Sénaux, évêque d'Autun. « Le lendemain du sacre de M. de Sénaux (7 avril 1704), écrit un contemporain, les écoliers du collège représentèrent une pastorale dramatique, qui roulait sur une allégorie fort naturelle et facile à appliquer au sujet présent. Le poème était en vers d'églogue, doux et élégants, chaque acte distingué par une espèce d'opéra qui ne rompait pas l'unité de la pièce. Ce furent de jeunes acteurs qui chantèrent et auxquels répondit un concert de flûtes avec un chœur de musiciens, soutenu d'une très bonne symphonie. On sortit de l'action fort content [3]. » Le sacre de M. de Sénaux ayant eu lieu le dimanche du *Bon-Pasteur* (6 avril), cette *pastorale* était sans doute le développement d'une allégorie inspirée par la circonstance et facile à appliquer au nouveau prélat.

Parmi les religieux distingués qui honoraient alors le collège, nous citerons surtout le P. Louis Laguille, né à Autun, le 1er octobre 1658, admis dans la Compagnie le 1er septembre 1675, et à la profession, le 2 février 1692.

1. Le R. P. Sommervogel.
2. Livraison de février 1708, p. 80.
3. *Lettre d'un ecclésiastique d'A. sur le sacre de Mgr le nouvel évêque d'Autun,* p. 8. In-4° de 10 p. sans date ni lieu d'impr.

Après avoir enseigné avec succès la philosophie et les mathématiques, il fut destiné à la prédication et prêcha à la cathédrale d'Autun l'Avent de 1704 et le Carême de 1705. Appliqué ensuite au gouvernement, il exerça les fonctions de recteur dans plusieurs collèges et trois fois celles de provincial : deux fois dans la province de Champagne et une fois dans celle de France ou de Paris. Malgré cette existence si bien remplie par le professorat, la prédication et le gouvernement, le P. Laguille a fait paraître un très grand nombre d'ouvrages dont la liste n'est pas étrangère à notre sujet et peut trouver place ici :

1° *Vers latins et françois sur l'arrivée de Léopold II, duc de Lorraine, dans ses États.* Pont-à-Mousson, 1699, in-4°.

2° *Oraison funèbre de très haut et très auguste prince Louis XIV, roy de France et de Navarre, surnommé le Grand,* prononcée dans l'église cathédrale de Strasbourg, le 18 novembre 1715(¹), par le R. père Louis Laguille de la Compagnie de Jésus, pendant le service solennel célébré par ordre du grand Chapitre. A Strasbourg, chez la veuve de Michel Storck, imprimeur de Monseigneur l'évêque et du grand Chapitre, 1715, in-4° de 44 p.

3° *Histoire de la province d'Alsace, depuis Jules César jusqu'au mariage de Louis XV, roy de France et de Navarre,* avec des figures en taille douce, des plans, des cartes géographiques et un recueil de pièces qui peuvent servir de preuves aux faits importants, dédiée au roy, par le R. père Louis Laguille de la Compagnie de Jésus. A Strasbourg, chez Jean Renaud-Doulssecker, M. DCC. XX. VII², avec approbation et privilège du roy. Cet important ouvrage est

---

1. Et non 1725, comme l'a indiqué à tort Papillon dans sa *Bibliothèque des auteurs de Bourgogne.*

2. Papillon a donné à tort à cet ouvrage la date de 1725.

divisé en trois parties : la première, de 22 p. non numérotées, de XVI p. numérotées en chiffres romains, de 8 p. non
numérotées, et de 372 p. numérotées en chiffres arabes,
puis de 34 p. de tables non numérotées. La deuxième partie
contient 16 p. non numérotées, 362 p. numérotées et 20 p.
de table non numérotées. La troisième partie, qui contient
les preuves a 4 p. non numérotées, 185 p. numérotées et
5 p. de table non numérotées. Le frontispice de cette édition
est remarquable et l'entête de la dédicace très curieux. Ces
gravures sont de Jacob Andreas Friederich. On voit dans
l'approbation, datée du 29 juillet 1724, que le père Laguille
était alors recteur du collège de Strasbourg. La même année
et chez le même éditeur parut une autre édition en 8 vol.
in-8°, mais sans cartes ni figures et sans les preuves qui ne
se trouvent que dans l'édition in-fol. Feller dit avec raison
dans sa *Biographie universelle* [1] que l'*Alsatia illustrata*, de
M. Schœfflin, n'a pas fait oublier l'ouvrage du père Laguille.

4° *Exposition des sentimens catholiques sur la soumission
due à la constitution Unigenitus*, où les difficultés des opo-
sans sont réfutées par les principes et les textes tirés des
ouvrages de feu M. Bossuet, évêque de Meaux, contre les
prétendus réformés. 1735, in-4° de 43 p.

5° *Préservatif pour un jeune homme de qualité contre
l'irréligion et le libertinage*, où on lui expose : 1° les raisons
qui doivent l'affermir dans la religion catholique ; 2° on lui
suggère les motifs qui doivent régler ses mœurs et l'engager
à vivre en véritable honnête homme. Nancy, Pierre Antoine,
1739, gr. in-12 de 313 p.

6° *Fragments de mémoires sur la vie de Madame de Main-
tenon*, par le père Laguille, jésuite, publiés par M. Édouard
Fournier dans ses *Variétés historiques et littéraires*. Paris,
Jeannet, 1857, t. VIII, p. 53 à 80. Cette publication est

1. Paris, Mellier, 1845, t. III, p. 173.

accompagnée de la note suivante : « Ces *Fragments de mémoires*, perdus dans une publication du temps de l'Empire. (*Archives littéraires de l'Europe*, par Chardon de la Rochette, n° XXXVI, 31 décembre 1806, p. 363, 377) n'ont été connus que de M. Walckenaer qui s'est contenté de les mentionner dans la cinquième partie de ses *Mémoires sur la vie de Madame de Sévigné*, p. 347, et de nous qui en avons fait largement usage dans notre notice sur les maisons de Scarron, à Paris. (*Paris démoli*, par Édouard Fournier, 2ᵉ édit. p. 313 à 354). M. Walckenaer nous les donne avec raison pour fort curieux « en ce que, dit-il, l'auteur cite des mémoires contemporains. » C'est ce que dit aussi Chardon de la Rochette qui s'en fit le premier éditeur et qui les publiait « d'après une copie prise sur l'original de la main de l'auteur en 1737. » Si nous en croyons encore le même éditeur, le père Laguille avait pris une part importante à la conférence réunie à Bade, en 1714, pour la confirmation et la signature du traité conclu quelques mois auparavant à Rastadt entre la France et l'empire : « Par son zèle, par son éloquence (il était en effet fort bon prédicateur), dit-il, il aida beaucoup au rétablissement de la paix. » Quant à « ce certain Laguille *qui est à Dijon* », dont parle l'abbé d'Olivet, dans une lettre adressée au président Bouhier au mois de juillet 1719 et citée par Chardon de la Rochette, nous ne savons si elle concerne en effet le père Louis Laguille, qui ne devait cependant pas être à Dijon à cette époque, ou si elle se rapporte à quelque autre religieux du même nom et en particulier au père Joseph Laguille dont il sera question plus loin. L'abbé d'Olivet le représente, dans cette lettre, comme un « moine orgueilleux qui a horriblement persécuté le père Hardouin. » Mais d'une part, on sait que l'abbé d'Olivet supportait assez peu patiemment la contradiction, et d'autre part qu'on pouvait, sans intolérance, se montrer assez mal satisfait des incroyables paradoxes littéraires du père Hardouin. Le P. Louis Laguille mourut à Pont-à-Mousson, le 18 avril 1742, à l'âge de 84 ans.

Quoi qu'il en soit des critiques de l'abbé d'Olivet (qui ne le visent peut-être pas), il y avait intérêt à rappeler ici le nom et les travaux du religieux à qui notre ville doit l'honneur d'avoir donné à l'Alsace son premier et son meilleur historien.

Le P. Verry mourut à Auxerre, le 5 juillet 1713. Il avait été remplacé comme recteur, quelques années auparavant, par le R. P. Nicolas Claudot qui réalisa une transformation nécessaire et depuis longtemps préparée. Le collège se trouvait à l'étroit dans les locaux épars, acquis de 1639 à 1709, et dont l'étendue et l'aménagement laissaient également à désirer. Il importait de procurer à l'établissement une installation en rapport avec le nombre croissant des écoliers et la prospérité de l'école. A peine la maison Barrault était-elle acquise, le 15 mai 1709 [1], que le même jour, les Jésuites, dont les plans étaient tout prêts, se mirent à l'œuvre et firent procéder à la démolition des vieilles constructions qui devaient faire place à l'édifice nouveau. Le 17 juin suivant, M. Hubert de Morey, secrétaire du roi, posa la première pierre au nom de l'abbé de Maulevrier, nommé à l'évêché d'Autun, mais dont la nomination n'eut pas d'effet. « On acheva en trois années les trois corps de bâtiments qu'on avait entrepris : celui du fond de la cour, celui où se trouve aujourd'hui (1789) le réfectoire du pensionnat et celui où sont les cuisines. Toute cette construction coûta 36,000 livres [2]. » La ville ne prit aucune part à cette dépense que les Jésuites seuls supportèrent tout entière, au moyen des ressources que la prospérité de la maison leur avait procurées. Ces premières constructions furent complétées ultérieurement, comme nous le dirons plus loin.

A la même époque, nous voyons les Jésuites prendre part, presque sans interruption aux prédications faites à la

1. V. plus haut, p. 59.
2. *Mémoires mss. de Lescure*, fol. 29-33.

Cathédrale : en 1702, par le père de Blamont, pendant le
Carême, et par le père Bonneau pendant l'Avent; par le P.
Nicolas Amagat, pour l'Avent de 1703 et le Carême de 1704;
par le P. Bonneau, pour l'Avent de 1705. (¹)

Nous trouvons pour la dernière fois, le nom du P. Claudot
dans le procès-verbal de la prise de possession du prieuré
de Champchanoux, par Marie de la Croix, à laquelle il
assista à Toulon-sur-Arroux, le 2 juin 1711. Il mourut à
Reims, le 13 janvier 1717.

Le P. Claudot céda ses fonctions de recteur, le 12 août
1711, au R. P. Jacques Debart, né à Autun, le 10 décembre
1664, admis dans la Compagnie le 24 septembre 1683 et à la
profession religieuse, le 2 février 1698.

L'année scolaire de 1711 se termina brillamment par un
exercice dramatique, donné le 19 août par les rhétoriciens,
à l'occasion de l'entrée solennelle de Charles-François
d'Hallencourt de Dromesnil, évêque d'Autun.

Cet exercice, inspiré par le troisième livre de Télémaque,
avait pour sujet *Aristodème élu roi de Crète* : ingénieuse
allégorie, destinée à louer, sous le nom d'Aristodème appelé
au trône de Crète, le nouvel évêque élevé sur le siège
d'Autun. Il était divisé en trois actes, précédés d'un prologue,
suivis d'un épilogue et accompagnés de danses qui avaient
été composées spécialement pour la circonstance par le
sieur Myon, professeur attaché au collège. On sait trop
la place que la danse occupait autrefois dans l'éducation
de la jeunesse pour être surpris que cet art ait été admis
dans l'enseignement, au même titre que la musique ou
l'escrime. C'était comme une sorte de gymnastique mon-
daine qui comprenait toutes les nuances de l'attitude et du
maintien, et dont une société raffinée avait fait une véritable
science qui trouvait son emploi dans les plus minces circonstances de l'existence. Les amateurs de l'ancien théâtre

1. *Reg. capit.*

scolaire trouveront plus loin le programme de cet exercice
dramatique, que son étendue ne nous permet pas de repro-
duire ici. [1]

Le P. Debart, mourut à Autun, le 11 décembre 1728. Il
avait eu pour successeur le R. P. Barthélemy Guenichot,
qui exerçait les fonctions de recteur en 1716 et qui mourut
à Dijon le 9 août 1736. Après lui, on trouve le R. P. Pierre
Bizard, recteur du collège en 1721, mort à Autun le 16 août
1728, et le R. P. Geoffroy, recteur en 1724. Comme successeurs des prieurs de Couches, les Jésuites étaient tenus de
faire chaque vendredi, depuis le premier vendredi de Carême
jusqu'au 22 juillet, une distribution publique de six mesures
de grains convertis en pain. Sur leur demande, cette aumône
appelée *la Donne* fut réunie à la dotation de l'hôpital de
Couches par arrêt du conseil d'État du 19 novembre 1721,
suivi de lettres patentes du 10 juin 1723, enregistrées le
16 juillet suivant. Les habitants de Couches ayant fait une
émeute pour protester contre cette mesure, ils furent con-
damnés par arrêt du parlement de Dijon, 26 février 1724 [2].

Le 3 mars, le conseil de ville décida qu'il y avait lieu de
procéder à la visite officielle du collège : « Monsieur le
vierg ayant déclaré qu'il s'y transportera lundy prochain, à
deux heures après midy, la chambre a délibéré que n'ayant
pas reconnu sur les registres qu'il y soit fait mention du
cérémonial pour ladite visite, elle y accompagnera Monsieur
le vierg en robes ordinaires. » [3]

Conformément à ces conclusions, les magistrats se ren-
dirent au collège le 6 du même mois et dressèrent le procès-
verbal suivant de leur visite :

1. V. plus loin *Pièces justificatives*, n° 10.
2. *Mémoires mss. de Lescure*, fol. 117.
3. *Reg. des délib. de la chambre de ville*, vol. LVI, fol. 108.

Cejourd'huy lundy, sixième mars mil sept cent vingt et quatre, sur l'heure de trois après midy, nous Nicolas Barault, conseiller du roy, vierg, prevost royal et lieutenant général de police de la ville et cité d'Autun, nous serions transporté au collège des révérends pères Jésuittes de ladite ville, assisté de Messieurs Abord, Roy, eschevins, Me Jean-Baptiste Febvre, procureur sindic, Me Odet Tixier, secretaire, et Me Gaspard Dinot, greffier de la viérie, étant avec nous en robes noires, à l'effet de visitter les classes dudit collège, précédé des sergents de ville, les hallebardes haultes devant nous, dans la cour duquel collège nous aurions été reçu par le R. P. Geoffroy, recteur dudit couvent, à la tête des religieux d'iceluy, et par luy et lesdits religieux conduit dans chacune des classes où étant assis et couverts, et lesdits sieurs officiers nous accompagnant et lesdits régents et écoliers de chaque classe debout, nous aurions été complimenté par un des écoliers de chaque classe, et ensuitte conduit jusque dans la rue tant par lesdits recteur, religieux qu'écoliers, auxquels écoliers nous aurions fait donner congé quatre mardys du Carême, toutte la journée et les trois autres mardys pour la demye journée seulement. Dont nous avons dressé le présent procès-verbal, etc. [1]

Le R. P. Edme Charron, né à Clamecy le 28 avril 1665, admis dans la Compagnie le 4 novembre 1682, et à la profession le 2 février 1700, fut appelé à succéder au P. Geoffroy dans le courant du mois d'août 1725. A peine était-il en fonctions, depuis huit jours seulement, que, peu au courant des susceptibilités et des exigences locales, il faillit se mettre sur les bras une grosse affaire. Les magistrats municipaux étaient invités, chaque année, à assister à la soutenance solennelle des thèses de philosophie par les écoliers. Appartenant alors aux classes instruites, élevés au collège où ils avaient pour la plupart fait eux-mêmes leurs études, ils étaient en état de suivre ces exercices avec intérêt et de s'assurer ainsi des progrès et de la valeur de l'enseignement. En 1725, ces joutes pacifiques furent sur le point de produire entre la ville et le collège un conflit dont le vierg, qui était alors Nicolas Barault, fit ainsi le récit à l'assemblée du conseil du 20 août :

1. *Reg. des délib. de la chambre de ville*, vol. LVI, fol. 109.

Monsieur le vierg a dit que sur l'invitation qui luy avoit été faitte par plusieurs écoliers soutenant thèses aujourd'huy dans le collège des Jésuittes, il s'y seroit transporté à deux heures après midy, accompagné de Mʳ Deceroy, premier échevin, et précédé de deux de ses sergents portant les marques de la magistrature; que prévenu de la contestation, que vouloient luy faire quelques chanoines de la cathédrale et quelques officiers du présidial, sur le rang que doivent avoir les magistrats dans pareilles assemblées, il auroit, en entrant dans la salle ou lesdites thèses se soutenoient, fait une attention particulière à la disposition d'icelle; qu'ayant remarqué que M. Vétu, président au présidial, étoit dans le centre du premier rang, à la gauche en entrant, et par conséquent à la droitte du répondant, et que de l'autre côté et dans le premier rang d'iceluy étoient les sieurs Vacherot et Mouteau, chanoines, qui avoient laissé deux places vaccantes à côté d'eux, ledit sieur Deceroy et luy auroient été occuper lesdites deux places vacantes, ce qui n'auroit pas été sitôt fait que ledit sieur Vacherot auroit été se placer auprès dudit sieur président Vétu, ledit sieur Mouteau étant resté dans la place qu'il occupoit auparavant; qu'un instant après, l'écolier chargé de la distribution des thèzes, placé du côté où étoient lesdits sieurs Vétu et Vacherot, auroit voulu venir présenter des thèzes auxdits sieurs magistrats, dont il auroit été empéché, ce qui l'auroit obligé de présenter la première thèze audit sieur Vétu, et aussitôt ledit sieur Vacherot en auroit pris une entre les mains dudit écolier qui étant venu ensuitte en présenter auxdits sieurs magistrats ils auroient fait refus de les accepter, et se seroient à l'instant retirés, reconduits par les révérends pères de Thésut, préfet, et Bizard, recteur il y a quelques années dudit collège, à qui ledit vierg auroit dit que lesdits révérends pères venoient de s'oublier de ce que leur maison devoit à leurs fondateurs et bienfaiteurs et des droits que la ville avoit dans ladite maison, sur lesquels griefs ils prétendoient se pourveoir comme ils aviseroient bon estre; à quoy lesdits pères Jésuittes auroient répondu qu'ils ne se méloient point du cérémonial, qu'ils laissoient à un chacun à disputer et soutenir ses droits, et que ceux de la ville pouvoient être ignorés par leur recteur actuel qui n'est arrivé que depuis huit jours. De laquelle réponse, Messieurs les magistrats peu satisfaits auroient répliqué que lesdits R. pères Jésuittes s'excusoient de leur faute envers eux par une ignorance et une inattention qui étoit une faute aussy considérable que celle qu'ils vouloient pallier. [1]

---

1. *Reg. des délib. de la chambre de ville*, vol. LVI, fol. 213.

Sur cet exposé, le conseil conclut « que le fait intéressant
la communauté, il sera fait recherche de tous les titres qui
établissent ses droits sur ledit collège pour ensuite être
délibéré dans une assemblée générale [1]. » Après quelques
consultations prises à ce sujet, le conseil parait avoir renoncé
à donner suite à cette mince affaire.

Le P. Edme Charron exerça le rectorat de 1725 à 1728.
C'est pendant son administration que, « au mois de mai 1727,
on commença à construire le surplus de la maison, savoir
l'aile où se trouvent les classes de rhétorique, logique, etc.,
et celle où se trouve actuellement la salle pensionnat. Cette
construction ne fut finie qu'au mois d'août 1731, et coûta
37000 livres. » [2]

En même temps que s'accomplissait cet accroissement
nécessaire des bâtiments, le collège voyait se multiplier en
sa faveur les témoignages de l'estime et de la confiance qu'il
méritait. C'est ainsi qu'en 1727, messire François Léveillé
des Fosses, chanoine de la cathédrale d'Autun, adressa une
requête au père recteur, dans laquelle il lui expose « que
Dieu lui ayant inspiré d'employer le bien qu'il lui a donné
à fonder dans quelques-unes de ses églises des œuvres de
piété dans lesquelles il soit glorifié, il n'en trouve point de
plus convenable pour seconder ses saintes inspirations que
la vôtre, parce qu'il n'y a point d'église à Autun où Dieu soit
mieux servi et mieux glorifié, et où les fidèles se plaisent
mieux à le servir et faire leur devoir de chrétien et à s'exercer
en toutes sortes d'œuvres de piété : en telle sorte que votre
église est le centre de la religion, de la piété et de la sainteté [3]. » Dans ces sentiments, François Léveillé des Fosses
faisait abandon aux Jésuites d'une somme de 20,700 livres,
en différents contrats, dont la cession eut lieu le 25 juillet

1. *Reg. des délib. de la chambre de ville*, vol. LVI, fol. 214.
2. *Mémoires mss. de Leseure*, fol. 29-33.
3. *Mémoire pour messire Pierre Tullier, seigneur de Marigny, et dame Françoise
Léveillé Desfosses, contre les Jésuites du collège d'Autun*; in-f°. Paris, Lottin, 1736.

1728, à la charge d'en employer le revenu : 1° à la célébration des vêpres avec sermon, suivi de la bénédiction, chaque
dimanche et jours des fêtes de la Vierge, de Noël, de la
Circoncision, de l'Épiphanie, de l'Ascension, de la Fête-Dieu
et de la Toussaint, dans l'église du collège ; 2° à l'exécution
d'une mission d'un mois, à Autun, par quatre Jésuites, de
sept ans en sept ans, et alternativement, de huit ans en huit
ans, dans chacune des villes de Beaune et de Semur-en-
Auxois. De plus, il était stipulé « que tous les trois ans, on
ferait une distribution de prix aux écoliers, après la repré-
sentation d'une tragédie ; que ces prix consisteraient en vingt-
sept volumes répartis entre les différentes classes, qui seraient
reliés en veau rouge, dorés sur tranches et aux armes du
fondateur sur chaque côté de la couverture [1]. » Cette donation de 21,700 livres, comportait en outre « une tenture de
tapisserie de Flandre de dix pièces, pour être tendue aux
deux côtés du sanctuaire de l'église des Jésuites, depuis
Pâques jusqu'à la Nativité de Notre-Dame inclusivement, et
depuis Noël jusqu'aux Rois inclusivement, sans pouvoir
servir à d'autre usage. » [2]

Par suite des pertes éprouvées sur les contrats de rente
et qui réduisirent la somme primitive à 16,000 livres, il fut
convenu, le 8 juin 1731, que les missions projetées à Beaune
et à Semur seraient supprimées et que celle d'Autun aurait
lieu seulement de dix ans en dix ans. Pour rendre cette
fondation plus solide, le capital fut employé à l'achat d'une
maison située à Paris, sur le pont Saint-Michel, et qui était
louée 900 livres. [3]

---

1. *Œuvres de Denys Cochin*, t. IV, p. 218.

2. *Mémoire pour messire Pierre Tullier, seigneur de Marigny, mousquetaire
de la première compagnie de la garde du roy, et dame Françoise Léveillé son
épouse, intimés, contre les Jésuites du collège d'Autun*, par Aubry, avocat, p. 3.
Paris, Lottin, 1736, in-fol.

3. Après la suppression des Jésuites, cette maison fut vendue suivant acte du
21 janvier 1785, à la ville de Paris, par le bureau d'administration du collège, au
prix de 14,000 l. *Mémoires mss. de Leseure*, p. 57.

François Léveillé des Fosses mourut au mois d'août 1733. Il put assister à la distribution solennelle des prix qu'il avait fondée et qui eut lieu pour la première fois le 13 août 1732, ainsi que nous le voyons d'après un exemplaire des *Œuvres diverses de M° Patru, de l'Académie françoise*[1], qui fut donné en prix à un élève de la classe d'humanités. Ce volume est accompagné de l'attestation suivante :

Ex munificentia
Nob. D. Franc. Lesveillé Desfosses,
canonici insig. eccl. cated. Æduensis,
Musarum,
In Augustodun. collegio Societatis Jesu
Agonothetæ perpetui
Ingenuus adolescens
Petrus Gillot Æduensis[2]
Palmare hoc volumen,
et alterum solutæ orationis præmium
in ejusdem collegii
Humanitatis schola
meritus, et mag.... concursu ac plausu
in theatro consecutus est.
Anno *1732* die *13* August.
Cujus rei fidem facio chirographo meo
sigilloque collegii.
P. J. Raussin
studior. præf.[3]

1. Paris, 1714, in-4°.

2. Les passages en italique sont écrits à la main.

3. Cet intéressant volume a été donné à la Société Éduenne par M. Paul Gillot. La bibliothèque de la Société Éduenne possède également un exemplaire de l'*Histoire métallique de la république de Hollande*, de Bizot, donné en prix en 1732 à Lazare Lambert, d'Autun, en vertu de la fondation de F. Léveillé Desfosses. Nous connaissons encore un exemplaire de l'*Histoire des sept sages*, par M. de Saint-Larrey, donné en prix, le 19 août 1735, à Henri Armet, élève d'humanités. L'attestation porte la signature du P. J. Bonnet, préfet des études.

Ce volume est orné sur les plats des armes de François Léveillé des Fosses, qui sont *d'azur à une grue d'argent avec sa vigilance de même.*

A peine François Léveillé des Fosses eut-il rendu le dernier soupir, que ses héritiers, représentés par messire Pierre Tullier, seigneur de Marigny, mousquetaire de la première compagnie de la garde du roi, époux de Françoise Léveillé, nièce du fondateur, s'empressèrent de réclamer l'annulation des acte et traité de la donation faite au collège. Cette prétention fut combattue par la ville « qui reconnut qu'elle avoit encore plus d'intérêt dans la cause que les Jésuites mêmes, puisqu'il s'agit d'enlever à ses habitans les secours spirituels et aux écoliers les motifs d'émulation que le sieur

Léveillé des Fosses a voulu leur procurer [1], » et qui intervint comme partie dans la cause. Le collège gagna son procès et fut maintenu en possession du legs, à la charge d'en remplir les conditions qui furent, en effet, toujours exécutées par la suite.

Au P. Edme Charron succéda, comme recteur, le R. P. François-Eustache de Blamont, de 1728 à 1731. Il eut pour successeur le R. P. Joseph Laguille, né à Autun le 15 août 1670, admis dans la Compagnie le 23 septembre 1686 et à la profession le 2 février 1705, mort à Autun le 27 mars 1757. Celui-ci fut remplacé par le R. P. Jérôme de Clugny, qui mourut à Autun, dans l'exercice de ses fonctions, le 20 mars 1736.

En 1733 Jean Martin, curé d'Arleuf [2], légua 500 livres aux Jésuites du collège, à charge de donner une mission dans sa paroisse tous les dix ans. [3]

Après le P. de Clugny, nous trouvons, comme recteur, le R. P. Joseph Conat, né à Épinal le 17 mars 1676, admis dans la Compagnie le 1er octobre 1693 et à la profession le 15 août 1709. Il exerça le rectorat de 1736 à 1740 et mourut à Nancy le 18 février 1756. A l'époque de son administration se rapporte l'exercice dramatique suivant, dont le titre seul nous est connu, qui eut lieu en 1738, à l'occasion de la distribution des prix :

« SEDECIAS, tragédie, ESOPE AU COLLÈGE, comédie, seront représentées dans la cour du collège d'Autun de la Compagnie de Jésus pour la distribution des prix fondée par noble et illustre personne feu messire François L'Eveillé des Fosses, chanoine de la cathédrale d'Autun, le 20 et 22 d'aoust 1738. » In-4° de 12 p. [4]

---

1. *Œuvres de Denys Cochin*, t. IV, p. 213.
2. Arleuf, canton de Château-Chinon (Nièvre).
3. *Mémoires mss. de Leseure*, fol. 34.
4. Note communiquée par le R. P. Sommervogel.

Le P. Conat eut pour successeur le R. P. Pierre Dauzon, qui mourut à Autun, dans l'exercice de sa charge, le 24 juillet 1742.

Au P. Dauzon succéda le R. P. Luc Metzinger, né à Thionville le 5 octobre 1688, admis dans la Compagnie le 7 novembre 1709 et à la profession le 2 février 1725. Nous le trouvons comme recteur du collège en 1744 et 1745. Parmi les orateurs de la compagnie qui occupèrent la chaire de la cathédrale à cette époque, nous rencontrons le P. Dumas pour l'Avent de 1709 et le Carême de 1710; le P. Beaufils pour l'Avent de 1711 et le Carême de 1712; le P. Guenichot pour l'Avent de 1713 et le Carême de 1714; le P. Bernard Tribolet pour l'Avent de 1717 et le Carême de 1718; le P. Périnot pour l'Avent de 1719; le P. Bodot pour l'Avent de 1725 et le Carême de 1726; le P. Lambert pour l'Avent de 1730 et le Carême de 1731; le P. de Montval pour l'Avent de 1735 et le Carême de 1736; le P. Jourdin pour l'Avent de 1741; le P. Bélon pour le Carême de 1742, et le P. Duchemin pour l'Avent de 1745. [1]

Le R. P. Claude-François Fagnier, né à Metz le 9 mars 1690, admis dans la Compagnie le 1er octobre 1707 et à la profession le 15 avril 1729, succéda au P. Metzinger, comme recteur, en 1746 et 1747. Il fut lui-même remplacé par le R. P. André Le Pautre, né à Bolignicourt, au diocèse de Troyes, le 6 septembre 1689, admis dans la Compagnie le 17 novembre 1709, et à la profession le 2 février 1725.

Le P. Le Pautre était un homme aimable, très recherché dans le monde qui appréciait sa politesse et son esprit. Un jour qu'il était en villégiature à Parpas, près d'Autun, avec quelques-uns de ses confrères ou de ses élèves, ses hôtes imaginèrent un petit divertissement pour lui persuader de prolonger son séjour au milieu d'eux. Le peintre Charton [2],

1. *Reg. capit.*
2. Étienne-Guy Charton, peintre, élève d'Oudry, habitait Autun où il mourut dans un âge très avancé, le 6 juin 1768. V. *la Société d'Autun au milieu du dix-huitième siècle*, par M. Harold de Fontenay, p. 16 et 54.

qui était de la partie, se chargea de faire une requête en
vers et imagina sans doute la scène suivante qui ne serait
pas le moins agréable de ses tableaux si, à la plume, il eût
aussi joint le pinceau : « Comme le temps pressoit, nous
dit-il dans le recueil manuscrit de ses poésies légères [1], et
que ces vers furent faits à la hâte, Madame de Parpas n'eut
pas le temps de les apprendre par cœur; mais au retour de
la promenade, nous la trouvâmes assise au bord d'une
agréable fontaine bordée d'un vert gazon, un grand mouchoir blanc à la main sur laquelle elle étoit appuyée dans
l'attitude d'une personne désolée. A notre abord, elle se
leva, présenta le papier au père recteur et joua son rôle
avec les grâces naturelles à une jeune personne de quatorze
et quinze ans, jolie et aimable. » Après avoir vu la scène,
écoutons le poète :

Requête au R. P. Le Pautre, recteur des Jésuites, présentée par
Madame de Parpas, le 2 octobre 1748, à Parpas où il passa
huit jours avec son Académie et l'auteur des vers. C'est la
nymphe de Parpas qui parle :

Recteur autant aimé que vous êtes aimable,
Délices des mortels qui vivent sous vos lois,
Accordez à nos vœux un succès favorable,
    Ils vous parlent tous par ma voix.
Dans ces paisibles lieux, tout conspire à vous plaire;
Les zéphyrs en automne ont fixé le printemps,
Moi-même j'ai rendu mon onde tributaire [2]
    Afin d'amuser vos moments.
Les champs à votre aspect ont repris leur verdure,
Pomone de ses dons enrichit la nature,
    Comus abandonnant les cieux
    Et laisant le soin de la table
    Du souverain maitre des dieux,
    Charmé de votre air agréable

1. Recueil ms. appartenant à M. Harold de Fontenay, p. 151, 152.
2. « La rivière d'Arroux passe au bas de Parpas; on y faisoit pêcher tous les
jours. » (*Note de Charton.*)

Au séjour de l'Olympe a préféré Parpas
Et préside à tous vos repas.
De votre présence flattée,
Je goûtois un plaisir jusqu'alors inconnu,
Et de plus en plus enchantée,
Je croyais l'âge d'or sur mes bords revenu.
Mais de quelle affreuse nouvelle
Frappe-t-on mes sens étonnés?
Jamais douleur pour moi fut-elle plus cruelle?
Quoi! c'est demain, hélas, que vous m'abandonnez!
Recteur autant aimé que vous êtes aimable,
Délices des mortels qui vivent sous vos lois,
Accordez à nos vœux un succès favorable,
Ils vous parlent tous par ma voix.
Différez de deux jours, hélas! ce n'est je pense,
Exiger trop d'efforts de votre complaisance.
A d'autres soins plus importants
Vous vous devez ailleurs, je le sais, j'y consens;
Mais seulement deux jours, vous nous donnez la vie,
La nymphe de Parpas tout en pleurs vous en prie.

Le père Le Pautre eût été infidèle à sa réputation d'homme aimable en se montrant insensible aux larmes poétiques de la nymphe de Parpas. « La requête fut appointée, » ajoute Charton, sans nous dire si l'appointement fut en vers ou en prose.

Nous avons encore du même Charton une seconde épitre, adressée au père Le Pautre, « qui s'étoit chargé d'inviter à dîner avec luy, chez l'auteur, les deux régents de philosophie, et qui ayant différé de leur en parler, s'engagèrent ailleurs » :

Mons le Recteur, ma foi, Dieu vous bénisse!
Avec les gens on n'agit pas ainsi;
Auriez-vous fait tour si noir par malice?
N'espérez pas en obtenir merci.
Trop vous connait aimable et galant homme
Pour soupçonner en vous méchanceté;
Mais je me vois, par votre faute, en somme,
Privé d'un bien dès longtemps souhaité.
Quoique soit belle ici la compagnie,
Deux nourrissons de la philosophie,

Et d'esprit vif et d'entretien charmant
Y fourniroient un nouvel agrément.
Vous le voyez que la porte est certaine :
Si faut-il donc qu'on souffriez la peine,
Et par avis et par communs accords,
De chaque main boirez six rouges-bords. [1]

Nul doute que le vin de Charton ne fût excellent et que ses verres ne fussent pas trop vastes. Mais douze rasades ! C'était mettre la tempérance du bon père à une bien rude épreuve. L'amende était un peu forte pour un religieux. Au moins la trouverions-nous telle aujourd'hui. Peut-être fut-elle l'objet de quelque commutation littéraire qui permit au P. Le Pautre de donner aux convives une satisfaction plus conforme à son état et à son esprit.

Le P. Le Pautre, qui occupa le rectorat en 1748 et 1749, mourut à Ensisheim, le 3 septembre 1759.

Il eut pour successeur le R. P. Barthélemy Smackers, né Liège, le 13 août 1684, admis dans la Compagnie, le 30 juillet 1702 et à la profession le 2 février 1718.

Parmi les professeurs distingués qui enseignaient alors au collège, nous citerons le P. Pierre Collignon, né à Hubay, le 26 juillet 1682, admis dans la Compagnie le 18 septembre 1699 et à la profession, le 15 août 1716. C'est à lui que Crommelin attribue le mérite « d'avoir eu le premier l'idée de fixer les mesures sur une fraction du méridien. » [2]

Si nous en croyons le même auteur, le savant Jésuite n'était pas moins homme de courage et de vertu que bon mathématicien. Il raconte qu'en 1754, l'un des lieutenants de Mandrin ayant voulu forcer l'entrée du collège pour s'emparer de la caisse de l'établissement, le père Collignon s'offrit à sa rencontre et lui dit : « Vous n'entrerez pas tant

---

1. Recueil ms. des poésies de Charton, fol. 153.
2. V. la *Société d'Autun vers le milieu du dix-huitième siècle*, d'après les *Mémoires de Crommelin*, par H. de Fontenay, dans les *Mémoires de la Société Éduenne*, nouv. série, t. VI, p. 425.

que je vivrai ; tuez-moi : j'ai quatre-vingts ans, vous no
m'ôterez que quelques jours ; je mourerai volontiers martyr
de mon devoir. » Le brigand sourit, ajoute Crommelin,
admira la fermeté du vieillard et la respecta, moins par peur
de son adversaire que par crainte de se trouver pris au
collège comme dans une sorte de souricière[1]. Le récit est
joli et, s'il nous était permis, comme à Virgile, de comparer
les grandes choses aux petites, on pourrait trouver au père
Collignon, barrant le passage aux bandes de Mandrin,
quelque ressemblance avec les vieux pontifes qui, sans
autres armes que leur courage, saisissaient par la bride le
cheval des chefs ennemis pour fermer aux barbares l'entrée
des cités. Mais faut-il croire Crommelin ?

Dans son *Astronomie populaire*, Arago ne cite pas le P.
Collignon parmi les savants qui ont proposé de fixer les
mesures sur une fraction du méridien terrestre : projet déjà
conçu par Monten en 1670 et soutenu depuis par Cassini
en 1720. [2]

A l'égard de l'autre fait, il est certain que Crommelin
n'était pas encore établi à Autun lors du passage de Mandrin
et qu'il ne fut témoin d'aucun des événements dans lesquels
il s'attribue une part et un rôle, par suite de son besoin de
mettre sa personne en avant et de la mêler à tout ce qu'il
raconte. D'un autre côté, dans les nombreuses procédures
qui eurent lieu à la suite de cet événement, il n'est question
ni de la tentative de pillage du collège ni du P. Collignon
dont le nom n'est même pas prononcé. Tout porte à croire
que l'écrivain picard, bien digne d'avoir reçu le jour sur les
bords de la Garonne, aura cédé à son penchant de donner,
dans toute cette affaire, un rôle à un ami comme il s'en
attribuait un à lui-même. Mais si ces deux traits sont dus à

---

1. V. *la Société d'Autun*, etc. (*Mém. de la Soc. Éduenne*, nouv. série, t. VI,
p. 425.)

2. V. Arago, *Astronomie populaire*, publiée par Barral, t. IV, p. 73.

l'imagination de Crommelin, ils permettent au moins de croire que le P. Collignon avait assez de science et de courage pour qu'on ait pu les lui attribuer i un et l'autre sans trop d'invraisemblance. Le P. Collignon mourut à Autun, le 13 janvier 1762.

Le P. Smackers exerça le rectorat en 1750 et années suivantes.

Nous trouvons à cette époque la mention d'un exercice dramatique dont le titre seul et la date nous sont restés :

SOSIPA[TER] TRAGEDIE EN CINQ AC[TES]. — LE PROVINCIAL REVENU [DE PARIS], COMÉDIE EN TROIS ACTES, *seront représentés par les Écoliers du Collège d'Autun, de la Compagnie de Jesus pour la distribution solennelle des prix, fondée par Noble et Illustre personne feu messire* FRANÇOIS L'ESVEILLÉ DESFOSSES, *chanoine de l'église Cathédrale.* Les samedi 11 et lundi 13 août 1753, à une heure et demie. A AUTUN, de l'imprimerie de VIVANT-FRANÇOIS CHERVEAU, imprimeur du collège. ¹

Le P. Smackers fut remplacé en 1754, par le R. P. Gabriel de Rosières, né à Saint-Mihiel, le 11 septembre 1690, admis dans la Compagnie, le 14 octobre 1705 et à la profession, le 2 février 1724, décédé au mois d'octobre 1779.

Au P. de Rosières succéda, en 1757, le R. P. Simon-Alexis Lefebvre, né à Langres, le 12 septembre 1694, admis dans la Compagnie le 3 septembre 1711, et à la profession le 2 février 1728. C'est à lui que revient l'honneur d'avoir commencé la construction de l'église du collège, qui subsiste encore aujourd'hui, et qui fut élevée sur les plans de Jean Caristie, architecte d'origine italienne. Jean ou plutôt Jean-Baptiste Caristie appartenait à une famille dans laquelle il semble que le goût de l'architecture ait été héréditaire et qui a laissé une trace dans l'histoire de l'art français. Le premier auteur connu de cette véritable dynastie d'architectes,

1. Musée de la Société Éduenne. Une déchirure a enlevé une partie du titre.

Michel-Ange Caristie, originaire de la vallée de Sez et de la paroisse de la Ripe, au diocèse de Novarre, dirigea de 1741 à 1752 la construction de la nouvelle église de l'abbaye de Saint-Martin d'Autun. Jean-Baptiste, son fils, fut l'architecte de l'église du collège[1]. Leur descendant, le célèbre Caristie (Auguste-Nicolas), né à Avallon en 1783, élève de Percier, admis à l'Institut en 1840, fut l'auteur de la restauration de l'arc de triomphe d'Orange et attacha son nom au rétablissement de plusieurs monuments antiques. La première pierre de l'église du collège fut posée avec une grande solennité, par la ville, le 26 avril 1757. M. Toussaint Roux, maire, avait été délégué pour la circonstance, ainsi que le constate la relation officielle suivante :

Cejourd'huy vingt-six avril mil sept cent cinquante sept, en la grande salle de l'hôtel de ville, à l'heure de huit du matin, ou étoient Messieurs Toussaint Roux, maire, ancien lieutenant général en la chancellerie, Bernard Lhomme, avocat, premier échevin, Philibert David, notaire royal et procureur au présidial, second échevin, Étienne Martenne, avocat, troisième échevin, Vivant-François Cherveau, greffier en chef du bailliage et siège présidial, quatrième échevin, Étienne Valletat, avocat, bailly de la chatellenie de Glenne, procureur du roy sindic, Lazare Lesort, ancien notaire royal et procureur, secrétaire de l'hotel de ville, Étienne Missolier et Philibert Guillot, notaires et procureurs, substituts dudit procureur du roy sindic, Lazare Gondier, notaire royal, greffier de la mairie, et Joseph Fourats, receveur des deniers patrimoniaux et octrois de la ville, les révérends pères Simon-Alexis le Febvre, recteur, et Louis Habay, procureur du collège des révérends pères Jesuites, se sont présentés à la Chambre, où, après avoir fait compliment à Messieurs les maire, échevins et sindic au sujet du choix qu'ils ont fait de Monsieur le maire pour poser la première pierre de la construction de leur église qu'ils commencent, ils ont invité la Chambre de s'y transporter ce jourd'huy, à l'heure de neuf du matin, et ont présenté une table d'airin, sur laquelle ils ont fait

1. V. Bulliot, *Essai hist. sur l'abbaye de Saint-Martin d'Autun*, t. I, p. 372; et H. de Fontenay, *Épigraphie autunoise*, t. I, p. 339.

graver en chef les armoiries de la société dans le milieu, à droite celles de la ville, et à gauche celles de Monsieur le maire, avec une inscription dans les termes cy après :

Anno reparatæ salutis MDCCLVII
Hoc templum erectum est.
Primum lapidem posuit
Soror æmula Romæ Ædua
D. Tussanus Roux vergobretus
D. Bernardus Lhomme
D. Philibertus David
D. Stephanus Martenne
D. Viv. Franc. Cherveaut
D. Lazarus Lesort
D. Stephanus Valletat
D. Stephanus Missolier
D. Philippus Guillot
D. Lazarus Gondier
D. Josephus Fourats
R. P. Aloisyo Centurione preposito generali societatis Jesu
R. P. Nicolaus du Port provinciali
R. P. Simon Alexis Le Febvre rectore collegii.

Sur quoy Messieurs les maire, échevins et sindic ont remercié les révérends pères Jésuites de leurs attention et politesse et se sont rendus à l'heure marquée, précédés des timballiers et trompettes, et au bruit du canon, sur le lieu de la construction où étoient assemblés processionnellement les révérends pères Jésuites. Le recteur revêtu d'habits sacerdotaux a fait les prières accoutumées en pareil cas pour la bénédiction de la pierre et des fondements de l'église, après quoy le sieur de Charmasse, étudiant en humanités au collège [1], a complimenté Monsieur le maire, auquel il a remis la copie du compliment, et à l'instant Jean Caristie, architecte italien, a présenté à Monsieur le maire un tablier de satin blanc dont il l'aceint, une truelle d'argent avec laquelle Monsieur le maire a mis le premier mortier, et a frappé la pierre avec un petit marteau d'acier, orné de rubans, ainsy que la truelle, dans laquelle pierre, posée à l'angle d'en bas faisant face sur le Champ-de-Mars, la table d'airin dont il a été parlé a été incrustée entre deux lames de plomb revêtues de deux petites planches, et ainsy placée par Monsieur le maire pour servir de monument, lequel a mis sur la pierre six louis d'or qui ont été retirés par l'architecte, et ladite cérémonie finie, Messieurs les maire, échevins et sindic sont revenus dans le même ordre à l'hôtel de ville, et à l'heure de onze se sont rendus en corps précédés comme auparavant des timballiers,

---

1. Hugues Desplaces de Charmasse, dixième enfant de Hugues Desplaces de Charmasse, conseiller secrétaire du roi, et de Marie-Louise Perrin de Cypierre, né à Autun le 17 mai 1739, décédé dans la même ville le 8 septembre 1811.

trompettes et sergents de ville, au collège des révérends pères
Jésuites pour leur faire des remerciments de leur politesse et leur
demander des congés de classe pour les écoliers, ce que le révérend
père recteur a accordé, dont et de tout ce que dessus le présent acte
a été dressé, au bas duquel le compliment fait par le sieur de
Charmasse à Monsieur le maire sera registré.

MESSIEURS,

Qu'il est digne de vous, qu'il vous est glorieux
De jetter en ce jour à jamais mémorable,
Les fondements sacrés d'un temple vénérable
Que la religion florissante en ces lieux
Dresse au Dieu de la mer, de la terre et des cieux.

Vos pères autrefois, si vantés dans l'histoire,
Célèbres par leurs faits, plus fameux par leur foy,
Alliés des Romains, chers à ce peuple roy,
Plus puissants que les dieux dont ils se faisoient gloire
D'adorer la puissance et de suivre la loy,
Vos ancestres jadis par un aveugle zèle
Élevoient des autels à Janus, à Cibelle.

Mais bény soit le Dieu dont le flambeau divin
Vous a fait concevoir un plus noble dessein.
Venés, Messieurs, venés commencer un ouvrage
Qui doit de plus en plus orner cette cité
Et servir désormais d'éclatant témoignage
Et de lieu convenable à votre piété.

Pour nous en admirant l'artiste habile [1]
Dont l'art ingénieux et le savant travail
Graveront sur cet auguste portail
Les armes et les dons de cette illustre ville,
Nous n'oublirons jamais nos fameux fondateurs :
Leur générosité, leur rare politesse,
Leurs noms et leurs bienfaits, leur aimable sagesse
Vivront dans nos esprits, régneront dans nos cœurs. [2]

Quelque disposition personnelle que nous ayons à l'indulgence pour ces vers d'écolier, on doit convenir que l'intention l'emporte sur la poésie.

D'après le plan d'ensemble conçu par les Jésuites, le collège devait avoir une étendue double de celle qu'il a actuellement : au centre, l'église et, du côté de la rue Saint-Saulge, un édifice semblable à celui qui existe sur la place du Champ. Mais les événements ne leur laissèrent ni le temps ni la faculté de le réaliser.

1. Il y a, dans le premier et le troisième vers de cette strophe, une omission qui vient sans doute d'une faute du copiste.
2. *Reg. des délib. de la chambre de ville*, vol. LXVII, fol. 10 et suiv.

Le P. Lefebvre eut pour successeur, en 1758, le R. P.
François Gobert, né à Grandville, le 11 janvier 1694, admis
dans la Compagnie le 20 mars 1714 et à la profession,
le 6 mars 1729, décédé à Nancy, le 23 septembre 1783.
Après lui, nous trouvons en 1760 le nom du R. P. Claude-
Augustin Bichot. Celui-ci, né à Dijon, le 1er novembre 1704,
admis dans la Compagnie le 11 mai 1722 et à la profession
le 16 février 1738, avait prononcé le panégyrique de la
B. Jeanne-Françoise Frémyot de Chantal, à la Visitation de
Dijon, lors des fêtes qui eurent lieu à l'occasion de sa béati-
fication, le 20 août 1752 (1). Le R. P. Bichot fut le dernier
recteur du collège d'Autun.

De tous les ordres religieux, la Compagnie de Jésus était
celui qui avait le plus résolûment résisté à la contagion des
sectes et de l'esprit philosophique du siècle dernier. Bien
loin de se laisser entamer par aucun de ces adversaires du
christianisme, elle les avait tous combattus avec plus ou
moins de succès. En face de beaucoup de défaillances et de
chutes elle restait tout entière debout, et sa force de résistance la désignait aux yeux de l'ennemi comme l'ouvrage
avancé qui devait être emporté le premier. Le moment de
frapper le coup décisif était arrivé : *Jam venit hora.* Ni le
souvenir des services rendus à l'éducation, ni la difficulté de
trouver un personnel prêt à recueillir un pareil héritage, ni
les sentiments de la reconnaissance due à une société
illustre entre toutes, qui avait fait connaître le nom, la religion, la langue et les arts de la France jusqu'aux extrémités
de l'Asie, ne purent désarmer un instant cette haine aveugle.

Si les accusations portées contre les Jésuites eussent
mérité et obtenu quelque crédit, nul doute que le vide se
fût bientôt fait autour de leurs personnes et de leurs
collèges. Mais loin que l'effet attendu se soit produit, la
confiance des familles n'était ni intimidée ni affaiblie par

1. *Mercure dijonnais.* B. de Dijon.

cet assaut et les élèves se pressaient, aussi nombreux que de coutume, autour de la chaire de leurs maîtres. La violence seule pouvait suppléer à ce défaut de concours de l'opinion. Elle ne fut pas invoquée en vain.

L'autorité royale était alors à la disposition d'une coterie dont le libéralisme consistait à mêler sa voix aux clameurs des adversaires des Jésuites : à ce prix, elle pouvait impunément se permettre toutes les oppressions, toutes les lâchetés, tous les scandales, et il ne lui semblait pas que l'impunité, obtenue par ce coup porté à l'éducation de la jeunesse, fût payée trop cher.

Les Jésuites cependant, sans trop s'émouvoir de l'orage soulevé contre eux, continuaient, à Autun comme ailleurs, leur tâche d'enseignement et de prédication. Ils achevaient la construction de l'église, dont le gros œuvre leur avait coûté 125,000 livres, quand parut en 1763 l'édit royal qui prescrivait la suppression de toutes leurs maisons et collèges. Ils n'eurent pas le temps de commencer la décoration de l'édifice : « Ils furent renvoyés trop tôt, écrit un contemporain. C'est le bureau d'administration, qui leur succéda, qui a fait faire toutes les décorations intérieures, le pavé, les autels, les statues, etc. Les tableaux représentant les mystères de la Vierge, qui se trouvent dans l'église, viennent de la congrégation des écoliers (que les Jésuites avaient établie au collège). Ils sont de M. Charton, peintre, né et demeurant à Autun. Les statues sont du sieur Marlet, sculpteur de Dijon, qui a fait aussi la demi-bosse du fond. »[1]

La belle grille en fer forgé, que nous admirons encore aujourd'hui, fut faite, d'après une délibération du conseil d'administration du collège, en date du 2 mars 1772, par un sieur Moine, serrurier à Beaune. Elle est un exemple du goût et de l'habileté que l'on rencontrait autrefois, même

1. *Mémoires mss. de Lescure*, fol. 32. Le baldaquin de l'autel et les colonnes en marbre qui le supportent viennent de l'église du prieuré de Saint-Symphorien.

dans les plus petites villes, parmi les simples artisans qui,
à la suite d'un apprentissage fait sous des maîtres expéri-
mentés, devenaient facilement de véritables artistes. [1]

Dès le 4 septembre 1762, les créanciers des Jésuites, qui
prévoyaient la suppression prochaine de la Compagnie, avaient
fait saisir tous les objets mobiliers qui se trouvaient au collège. Cette mesure n'interrompit cependant pas le cours des
études. « L'huissier chargé de la commission mit les scellés
sur les effets qu'il saisissait en prenant la précaution d'apposer les armes du roy seulement à un des bouts des bandes
de papier qu'il employait, et il mit de l'autre côté le seul
cachet des Jésuites. Il fit mieux; il laissa toutes les clefs
entre les mains des Jésuites, si vrai que le séquestre ne
put les représenter aux officiers du bailliage. On voit par là
que les Jésuites furent les maîtres, malgré le scellé, de faire
ce qu'ils voulurent, puisqu'il leur était aisé de lever le scellé
d'un côté et d'y apposer leurs armes [2]. » Nous ignorons quel
crédit mérite cette anecdote, mais un acte authentique présente l'incident sous un jour un peu différent. Nous voyons
en effet qu'à la date du 13 novembre 1762, le R. P. Bichot se
présenta devant la Chambre de ville et exposa « que quoique
tous les revenus du collège et tous les effets des congrégations ayant été saisis, ils ont pris les mesures les plus conve-
nables, même fait des efforts pour pouvoir continuer d'enseigner à la forme de la fondation du collège de cette ville ; que
non seulement les révérends pères Jésuites ont enseigné les
sciences à la jeunesse, mais qu'ils ont toujours eu soin de
l'instruire de la religion ; qu'ils ne peuvent remplir ce dernier objet parce qu'on a fait saisir jusques à l'hautel et les
ornements des congrégations; que la chambre a demandé
la distraction de ces effets et les a fait déposer à l'hôtel de
ville ; pourquoy il prie Messieurs les magistrats de lui remettre la clef de la congrégation des artisans pour y placer la

1. *Mémoires mss. de Lescure,* fol. 53.
2. Id. fol. 44.

congrégation des écoliers, ne pouvant le faire dans l'endroit ordinaire qui leur sert de chapelle ; comme aussy de leur remettre quelques ornements dont ils ont besoin pour célébrer la messe, se soumettant, tant pour luy que pour les Jésuites du collège, de les rétablir toutes les fois que la chambre le désirera [1]. » Les magistrats « voulant seconder les bonnes vues des pères Jésuites [2], » ordonnèrent que la clef du local destiné à la congrégation des artisans ainsi que les effets nécessaires seraient remis au P. Bichot pour lui permettre de continuer ses soins aux écoliers du collège.

Ces maisons à demi fermées et où on ne pouvait se glisser en quelque sorte qu'à la dérobée, ces effets mis sous les scellés, tout annonçait une fin prochaine qui ne se fit pas attendre.

L'édit royal, portant suppression de la Compagnie de Jésus en France, enregistré au parlement de Dijon le 11 juillet 1763, était à peine publié au bailliage d'Autun à l'audience du 23 juillet suivant, que « le même jour, à trois heures de relevée, les officiers du bailliage se transportèrent au collège. Ils justifièrent de leur commission aux pères Claude-Augustin Bichot, recteur, et Jean-Baptiste Rousseau, procureur, à l'effet de dresser un état exact de tous les prêtres, écoliers et autres qui étaient au collège ; de faire un inventaire des titres et papiers ; de dresser un état des dettes actives et passives ; de faire un inventaire des biens meubles et immeubles appartenant aux Jésuites. Dès le 4 septembre précédent, le syndic des créanciers des Jésuites avait fait saisir tous leurs effets. Les séquestres établis à ces saisies parurent et en justifièrent. Le procureur du roy fit saisir les mêmes effets entre leurs mains. » [3]

Cette saisie fut si complète qu'elle s'étendit même à des objets dont les Jésuites croyaient d'autant mieux avoir la

1. *Reg. des délib. de la chambre de ville*, vol. LXIX, fol. 1.
2. Id. ibid.
3. *Mémoires mss. de Leseure*, fol. 41.

libre disposition qu'ils les avaient faits de leurs propres mains. C'est ainsi qu'un frère coadjuteur du collège, très habile menuisier, ayant exécuté lui-même, pour l'usage de la nouvelle église, différentes boiseries encore inachevées, telles que chaire à prêcher, confessionnaux, portes, etc., les Jésuites avaient cru pouvoir les enlever et les déposer dans une maison du voisinage de la ville. Mais les magistrats revendiquèrent la possession de ces objets qui leur furent remis par le dépositaire. [1]

Si les Jésuites se trouvaient dans l'impossibilité de poursuivre l'œuvre d'éducation chrétienne qu'ils avaient accomplie à Autun pendant 145 ans, ils laissaient au moins en partant le collège en plein état de prospérité. Leurs successeurs, prêtres du diocèse d'abord, prêtres de la congrégation de l'Oratoire ensuite, se trouvaient en possession d'un héritage laborieusement formé et accru, suffisant à faire face à toutes les charges sans grever aucunement les finances municipales. Il n'entre pas dans notre plan d'exposer ici les destinées et les vicissitudes du collège après le départ des Jésuites. Le sujet a été traité ailleurs avec les développements qu'il comporte [2]. Il suffira de faire connaître, avant de terminer, les éléments qui formaient alors la dotation de l'enseignement secondaire à Autun. On ne peut bien s'en rendre compte qu'en établissant le budget des recettes fixes, tel qu'il était peu d'années après la suppression des Jésuites, sans faire entrer en ligne le produit éventuel de la scolarité qui nous est inconnu. Nous l'empruntons à un compte de 1786. Il se composait des revenus suivants, outre la jouissance des bâtiments et des terrains dont on a exposé plus haut l'origine et les accroissements successifs :

---

1. « Mais ce qui étonnera peut-être, c'est que M. l'évèque fit présent à l'abbaye de Saint-Jean-le-Grand de la chaire à prêcher et d'un confessionnal, et aux Capucins de deux confessionnaux. Le bureau (d'administration du collège) a été obligé par la suite de faire faire la chaire à prêcher. » (*Mémoires mss. de Lescure*, f. 33.

2. V. *le Collège d'Autun sous les Oratoriens*, par M. Eugène Roux, dans les *Mémoires de la Société Éduenne*, nouv. série, t. VI, p. 1.

1° Les biens du prieuré de Couches, dont le dernier bail commençant au 1ᵉʳ janvier 1786 s'élevait à 16,200 livres, net de charges;

2° Une rente de 150 livres due par la ville pour la dotation d'une deuxième chaire de philosophie, suivant traité du 23 avril 1639;

3° Le droit d'octroi de dix sols sur chaque minot de sel vendu au grenier d'Autun et à la chambre de Montcenis, ayant produit 2,463 livres;

4° La prébende préceptoriale due par le Chapitre d'Autun, d'un revenu de 2,136 livres en 1785;

5° Une maison sise à Paris, sur le Pont-Saint-Michel [1], louée 900 livres;

6° Trois maisons avec boutiques, élevées par les Jésuites sur le terrain qui leur restait à droite en allant de la place du Champ à Saint-Andoche, après avoir cédé à la ville l'emplacement de la rue Neuve en échange de celui de la rue de Masoncles, louées 131 livres;

7° Une autre maison située de l'autre côté de la rue, avec les caves, louées 240 livres. La cave, qui n'était pas louée du temps des Jésuites, était connue sous le nom de *Cave des miracles* parce que, raconte plaisamment un contemporain, « comme ils y vendaient leur vin de Couches, les pauvres y entroient avec des béquilles et en sortoient sans se ressouvenir qu'ils en avoient besoin. » [2]

8° Rentes foncières portant lods et droits censaux, sur certaines maisons situées tant au faubourg Saint-Blaise que dans la rue Saint-Antoine où les Jésuites avaient d'abord projeté d'établir le collège sur les terrains qui ont été occupés depuis par le petit Séminaire, devenu le grand Séminaire actuel, montant à 337 livres;

1. V. plus haut, p. 85.
2. *Mémoires mss. de Leseure*, fol. 54.

9° Deux maisons et quarante et un journaux et demi de terres, à Arnay, provenant de la succession de Jean Lacurne, et que le bureau d'administration vendit et convertit en un contrat de rente sur la province de Bourgogne au capital de 5,690 livres produisant 227 livres;

10° Rente sur le clergé de France, au capital de 1,000 livres, produisant 25 livres;

11° Sur les aides et gabelles, 252 livres;

12° Rentes sur la province de Bourgogne, au capital de 12,000 livres, produisant 580 livres;

13° Rente sur le Séminaire, au capital de 3,000 livres, produisant 150 livres;

14° Contrats de rente sur divers particuliers, d'un revenu de 594 livres.

Au moment du départ des Jésuites, la dotation du collège, soit en fonds de terre ou en capitaux, s'élevait donc au chiffre de 24,335 livres de rente, sans y comprendre la valeur des bâtiments et des dépendances, qui ne produisaient pas de revenu.

A cet actif il convient d'ajouter la valeur du mobilier, suivant l'inventaire et l'estimation qui en furent faits :

1° Vases sacrés, estimés 3,266 l. 3 s.

2° Ornements d'église, 797 l.

3° Linges de la sacristie, 364 l. 10 s.

4° Meubles de la salle du bureau, 554 l. 4 s.

5° Cabinet de physique, 754 l.

6° Mobilier des chambres des professeurs, 346 l.

7° Meubles des salles d'étude, 230 l.

8° Mobilier du pensionnat, 4,540 l. 16 s.

9° Mobilier de l'infirmerie, 874 l. 12 s.

10° Mobilier du réfectoire, 54 l.

11° Linge du pensionnat, 912 l.

12° Ustensiles de cuisine, 1,317 l. 4 s.

13° Mobilier du four, 122 l.

14° Meubles du grenier, 108 l.

15° Meubles de la cave, 12 l.

16° Mobilier de la maison de campagne, 680 l.

17° Bibliothèque, 685 l. 5 s.

La valeur du mobilier était donc de 16,066 livres dix sols. [1]

La bibliothèque avait été formée, en grande partie, par les donations successives de certains particuliers : de Philibert de Montagu, chanoine de la Cathédrale, qui, par acte du 17 juillet 1660, reçu Regnaut, notaire à Autun, avait légué sa bibliothèque aux Jésuites; de Jacques Delathoison, avocat, qui leur avait également donné la sienne, par son testament du 24 août 1721; d'un pieux anonyme qui, le 16 août 1721, avait donné une somme de 1,000 livres dont le revenu devait être employé à l'accroissement de la bibliothèque; du P. Louis Laguille qui avait disposé dans le même but des livres qui lui étaient advenus par voie d'héritage [2]. C'est ainsi que l'industrieuse sollicitude de la ville et des habitants, secondée par des maitres zélés, avait peu à peu contribué à assurer l'existence et l'avenir du collège.

La bibliothèque fut la première victime du départ des Jésuites. Les États de Bourgogne s'étant réuni à Autun dans les bâtiments mêmes du collège, au mois de novembre suivant, « il fallut, écrit un témoin, transporter à la hâte tous les meubles, les livres, etc., et l'on sent bien que ce transport, qui ne fut pas assez surveillé, fournit l'occasion à bien des vols : aussi la plupart des livres furent-ils pris et vendus, même assez publiquement, à Autun [3]. » Ce qui échappa au naufrage contribua depuis à former le noyau de la bibliothèque municipale.

1. *Mémoires mss. de Lescure,* fol. 72.

2. Id. fol. 151. — Le catalogue de l'ancienne bibliothèque des Jésuites du collège d'Autun existe aux arch. départ. de Saône-et-Loire.

3. *Mémoires mss. de Lescure,* fol. 48.

. Des biens, on le sait, il resta moins encore que des livres.
Les contrats de rente, acquittés en assignats, furent engloutis
dans la banqueroute générale. Les domaines que le collège
possédait à Couches et qui lui assuraient une existence indé-
pendante, mis à la disposition de la nation par les lois de
l'Assemblée constituante, devinrent l'objet de la spéculation
des acquéreurs des biens nationaux. La vente qui en fut
faite produisit la somme de 327,260 francs, payée en assignats. Ainsi s'écoula, en quelques mois, la dotation que la
prévoyance des magistrats municipaux et le concours des
particuliers avaient affectée à l'entretien du collège. L'État
en profita peu, et la ville souffre encore et souffrira toujours
de la perte des ressources qu'elle avait réunies ou reçues
pour subvenir à l'instruction de la jeunesse.

Malgré les préjugés qui pèsent sur les esprits et qui s'op-
posent trop souvent à un jugement équitable, il y avait
quelque justice à rappeler la part que les Jésuites ont prise
à l'enseignement public dans notre pays et à la construction
de l'édifice qui abrite encore les générations nouvelles. La
présence de ces maîtres d'élite a toujours été pour les études
un temps de progrès, d'intelligente activité et de féconde
émulation. Arrivés parmi nous après les désordres du seizième siècle, ils ont relevé l'enseignement de la ruine et
l'ont laissé, à l'heure de l'exil, dans un état de prospérité
qui a droit à la reconnaissance.

PIÈCES JUSTIFICATIVES

I

Traité entre les habitants d'Autun et Nicolas Lallemaigne, maître ès arts, principal du collège d'Autun. — 1587, 28 janvier.

L'an mil cinq cens quatre vingtz et sept, le vingt-huictiesme jour du moys de janvier, ont comparuz en leurs personnes venerables et scientiflicques M^{res} Hugues Ailleboust, chantre et chanoine en l'eglise cathedrale d'Ostun, Anthoine Borenet, official dudict Ostun et prevost en ladicte eglise, noble et saige maistre Claude Bernard, conseillier du Roy es bailliage et chancellerie dudict Ostun et vierg dudict lieu, honnorables hommes Johan Himbelot, Lazaire Rabyot, eschevins, et maistre Françoys Bauldot, procureur scindicq de la ville et commune dudict Ostun, lesquelx, assavoir lesdictz sieurs Ailleboust et Borenet pour et au nom de Messieurs les venerables doyen, chanoines et chappitre de ladicte eglise, et lesdictz sieurs Bernard, vierg, Himbelot, Rabyot, eschevins, et Bauldot, scindicq, au nom des manans et habitans de ladicte ville et commune dudict Ostun, d'une part; et discrette personne maistre Nicolas Lallemaigne, prebstre, natifz de Cry [1], prez Langres, diocese dudict Langres, maistre aux artz en la faculté de Paris, à present demeurant à Chatillon-sur-Seyne, d'aultre part, ont faict et font entre eulx les pactions, accordz et conventions que s'ensuyvent : assavoir que ledict Lallemaigne, de son bon gré, a prins et retenu, prent et retient desdictz sieurs, en la qualité susdicte, presens et luy delaissans pour le temps et terme de six ans, commenceans au premier jour du moys de mars prochainement venant, et d'illec en avant lesdits six ans finis et revolus, la charge de maistre, recteur et principal du college de ladicte ville d'Ostun, pour illec enseigner et endoctriner les enffans tant de ladicte ville que

1. Cry, canton d'Ancy-le-Franc (Yonne).

aultres lieux circonvoisins au service de Dieu selon l'Église catholicque, appostolicque et romaine, aux lettres et bonnes mœurs ainsi qu'il appartient et que un bon maistre est tenu et doibt faire, mesme conduire et mener ses pentionnaires es messes parrochiales les jours de dimanche et aultres festes solempnelles, signamment es sermons et predications esdits jours de dimanche et aultres festes solempnelles et durant l'Advent et Caresme, et se pourvoyera de regentz, hommes catholicques, ydoines et suffizans pour ladicte instruction desdictz enffans, lesquelz enffans ilz usaigeront et contraindront de parler lattin en toutte conference que lesdictz regentz et eulx auront ensemble, à toutes personnes qui entreront dans ledict college saichans et entendans la langue latine, et à cest effect feront lesdictz principal et regentz rendre la reigle par chacune sepmaine à celuy qui sera reprins par trois foys d'avoir parlé en languaige françoys, et sera pugny et corrigé selon sa faulte, sy pour l'excellance de l'esprit de l'enffant le principal ne luy remest sadicte faulte, ce qui sera observé tant pour les domesticques, pensionnaires, cameristes qui demeureront en ville; ausquelz enffans lesdicts regentz ne feront lecture d'aulcungs libvres sy non que ung moys au par advent ilz ayent estez rapportez à Messieurs de l'eglise et officiers de ladicte ville pour veoir quelz libvres ils vouldront lire affin de congnoistre si iceulx seront contre la religion catholicque ou honnesteté publicque, et aussi que lesdicts enffants s'en puissent pourveoir de bonne heure, pour mieulx vacquer et faire debvoir à l'estude. Item, et quand il n'y aura feste sur sepmaine, tous les aultres jours ouvrables seront faictes leçons tant en grec que latin, matin et soir, suyvant et selon les heures qui seront advisées et données par ledict Lallemaigne, et aux jours de feste sera bon de faire quelques briefves leçons de libvres honnestes pour contenir tousjours lesdicts enffans en leur debvoir, et ne permettra ledict Lallemaigne que ses regentz preinnent ou exigent desdicts enffans oultre et plus que les petitz droictz ordinaires, desquelz lesdicts sieurs de l'église et officiers de ladicte ville se accorderont avec ledit Lallemaigne. Et comme ledit Lallemaigne doibt estre socieux de l'esprit, aussy pour le regard du corps nourrira ses pentionnaires de bonnes viandes de bœufz, mouthon et porc fraiz, selon les saisons, et aux jours maigres, de bons poissons, œufz et marée, lesquelles viandes ne seront gastées, puantes ny pourries; et de mesme il sera soigneux au boyre comme au manger. Et moyennant ce, lesdictz sieurs Ailleboust et Borenet, au nom et eulx faisans fortz pour ledict Chappitre de ladicte eglise, ont promis et promettent faire lyvrer et donner audict Lallemaigne, pendant lesdictes six années le revenu

entier d'une prebende de chanoine de leurdicte eglise, en quoy que
icelluy revenu puisse consister, sans aulcune chose en excepter ny
diminuer, et selon qu'ilz ont faict par cy devant aux aultres principaulx et regentz dudict college; et lesdictz sieurs vierg, eschevins et
scindicq avant nommez, pour et au nom du corps de ladicte ville, ont
promis et promettent de donner et fournyr audict Lallemaigne chacun
an, lesdictes six années durans, la somme de soixante six escutz deux
tiers, vaillants deux cens francs, et ce par quartier et esgalles pourtions, de troys en troys moys, que sont seize escutz deux tiers à
chacun quartier, luy delaissans oultre ce pendant ledict temps le
logis et maison dudit college d'Ostun, ainsy qu'il s'extend et comporte et qu'il appartient à ladicte ville, consistant tant en maisonnemens, classes, courz, jardins que aultres aisances, proprietez et
appartenances d'icelluy college, lequel ilz luy rendront en bon et
dehu estat à son entrée, moyennant aussy que à la fin desdictes six
années il sera par luy rendu en tel et semblable estat qu'il luy sera
esté donné à son entrée. Pendant lesquelz six ans il ne permettra
estre prins aulcung argent pour le droict que on appelle les moys ou
la porte, pour le regard des enffans nez de ladicte ville, ains pourra
exiger seullement deux solz par moys d'ung chacun escollyer estran-
gier qui ira audict college pour ledict droict de porte, comme aussi ne
pourront les maistres ny regentz demander ausdicts enffans aulcuns
landyers ny chandelles, ains se contenteront de ce qui sera accordé
par lesdits sieurs de l'eglise et officiers, pour ce regard que dict est,
car ainsy a esté traicté et accordé entre lesdictes parties, dont elles
sont contentes; et à l'observance de ce, submectent et obligent, assavoir lesdits sieurs Ailleboust et Borenet, en noms que dessus, les
biens temporelz dudit Chappitre, lesdits sieurs vierg, eschevins et
scindicq ceulx de ladicte ville, et ledict Lallemaigne tous ses biens
par les cours du Roy, celle de sa chancellerie du duché de Bourgongne et toutes aultres, promectans respectivement n'aller jamais au
contraire. Ce fut faict et passé à huict heures du matin, en l'office du
notaire soubsigné, devant ladicte eglise cathedrale, en presence de
Mre Jacques Barbote, citoyen dudict Ostun, œconome estably par le
Roy au regime et gouvernement du revenu temporel de l'evesché
dudit Ostun, et Mre Jehan Devoyo, advocat audict Ostun, tesmoins
requis, lesquelz avec lesdits contrahans et notaire soubscript se sont
soubsignez. NOEL notaire. [1]

1. Copie notariée du 4 novembre 1591. Arch. dép. de Saône-et-Loire.

II

Lettres patentes de Henri IV, autorisant les Jésuites à établir un collège à Autun.
— Août 1608.

HENRY, par la grace de Dieu roy de France et de Navarre, à tous ceux qui ces presentes lettres verront, salut. Par nostre edict du moys de septembre mil vi^e trois, verifflé en nostre cour de parlement de Paris le deux janvier en suivant, nous aurions pour plusieurs bonnes, grandes et importantes considerations à ce nous mouvans, permis à toute la Societé des Jesuistes de demeurer et resider en cettuy nostre royaume et lieux contenus en nostredict edict, et par le premier article d'icelluy voulu que lesdicts Jesuistes ne puissent dresser aulcun autre college ou residence en lieulx ou endroictz de nostre royaume, pays, terres et seigneuries de nostre obeissance sans nostre expresse permission. Quoy faisant, nous nous sommes voulu reserver le choix de l'establissement desdicts colleges en lieulx que nous jugerons estre les plus utiles pour nostre service, bien et commodité de noz subiectz. Et parce que noz chers et bien aimez les eschevins, manans et habitans de nostre ville d'Ostun en Bourgongne nous ont instamment supplyé et requis leur voulloir octroyer l'establissement d'un college desdits Jesuistes en icelle ville et que nous avons jugé l'establissement dudit college estre grandement utille pour noz subiectz d'icelle et de tout le pays de Bourgongne en ce que leurs enfans seront par ce moyen bien et competemment instruictz à la pieté et bonnes lettres par lesdicts Jesuistes, pour ces causes desirans leur subvenir en cet endroict, avons permis et par ces presentes signées de nostre main permettons à ladicte Societé et Compagnie desdicts Jesuistes de pouvoir establir un college en nostredicte ville d'Ostun, composé de tel nombre de personnes d'icelle Societé qu'ils verront y estre nécessaire pour le service divin et instruction de la jeunesse aux bonnes lettres, tant d'humanité, philosophie que théologie, aux classes reglées et formées dont ils ont accoustumé user aux colleges qu'ils ont aux autres villes de nostredict royaume, et pour cet effect de pouvoir accepter les fondations de biens meubles et immeubles qui leur seront faictes par lesdicts manans et habitans en general et en particulier et speciallement le laig à eux faict par Anthoine de la Croix par ordonnance de derniere volonté du xxiie may mil vi^e ung; pour en jouir par lesdicts Jesuistes au cas qu'ils fussent par nous restablis en ce royaume, comme ils sont, et autres dons pour ledict colege, le tout neantmoins sous les expresses charges et conditions portées par ledict edict du moys de septembre mil vi° trois, et non autrement, et afin que lesdicts manans et habitans de ladicte ville d'Ostun ayent moyen d'acommoder lesdicts Jesuittes, nous voulons qu'ils le puissent et leur soit loisible de leur bailler et delaisser tel lieu qu'ils verront estre à propos pour ledict college et, pour l'agrandir, prendre des maisons et jardins voisins en payant les proprietaires du prix d'iceulx de gré à gré. Si donnons en mandement, etc. Car tel est nostre plaisir. Donné à Paris le (date en blanc) jour d'aoust, l'an de grace mil six cens huict, de nostre regne le vingtiesme.

HENRY. [1]

III

Lettres patentes de Louis XIII octroyant à la ville la permission de percevoir un impôt de cinq sols sur chaque minot de sel, au profit du collège. — 20 janvier 1611.

LOUYS par la grace de Dieu roy de France et de Navarre à nos amez et feaux les gens conseillers de nos comptes, tresoriers generaux de nos finances à Dijon, salut. Le Roy nostre très honoré seigneur et pere, que Dieu absolve, auroit par ses lettres patentes du vingt mars mil six cens cinq, dont copie est cy attachée sous nostre contre scel, continué et prolongé pour six ans à nos chers et bien amez les vierg et eschevins de nostre ville et cité d'Ostun l'octroy de cinq solz sur chaque minot de sel qui seroit vendu et debité au grenier à sel dudit Ostun et chambre de Montcenis, pour employer les deniers en provenans aux reparations des murailles, portes et pavés de ladite ville, duquel octroy ils auroient bien et dument jouy depuis ledit temps et employé lesdits deniers audit effet, dont les comptes sont en nostre chambre des comptes à Dijon pour estre veus et examinés. Mais pour ce que le temps de ladite levée est proche d'expirer et que nous leur aurions despuis peu de temps accordé la levée du huictiesme des vins vendus en detail es tavernes de ladite ville pour servir auxdites reparations de murailles, ils nous ont très humblement fait

1. Orig. Arch. de la ville d'Autun. Collège.

supplier et requerir la continuation de ladite levée et imposition de cinq
sols sur minot de sel afin d'employer les deniers qui en proviendront
à l'entretenement d'un principal et quelque nombre de regents au
college des longtemps etabli en ladite ville pour l'instruction de la
jeunesse d'icelle ville que pays circonvoisins qui en recevra pareille
utilité, n'ayant à present lesdits suppliants aucuns deniers patrimoniaux ny d'octroy pour y subvenir, à cause de l'extreme pauvreté et
ruine advenue en icelle ville pendant les derniers troubles. A ces
causes, desirans en cet endroit subvenir auxdits suppliants pour
aider à une bonne œuvre, leur avons, de nostre grace speciale, pleine
puissance et aucthorité royale et de l'avis de nostre Conseil, continué et
prolongé, continuons et prolongeons par lesdites presentes ledit octroy
de cinq sols par minot de sel qui sera vendu et debité audit grenier
à sel d'Ostun et chambre de Montcenis, pour le temps et espace de
six ans, à commencer du jour de l'expiration du precedent octroy,
pour estre les deniers qui en proviendront employés à l'entretenement d'un principal et regents au college de ladite ville d'Ostun, et
non ailleurs ni autre effet, à peine de repetition, à charge aussy que
ceux qui en feront le maniment seront tenus d'en rendre compte en
fin dudit temps ainsy qu'ils ont accoustumé aussy du passé, si fait
ne l'ont. Si vous mandons et ordonnons, etc. Car tel est nostre plaisir.
Donné à Paris le vingtiesme jour de janvier, l'an de grace mil six
cens onze et de nostre regne le premier. LOUIS.

Par le roy, la reine regente sa mère presente, POTIER.[1]

IV

Lettres patentes de Louis XIII, autorisant les Jésuites à établir un collège à Autun,
aux termes des lettres patentes de Henri IV. — Octobre 1613.

LOUIS par la grace de Dieu roy de France et de Navarre à tous
presens et à venir salut. Le feu roy, nostre très honoré seigneur et pere,
que Dieu absolve, ayant retabli l'ordre et societé des Jesuites en ce
royaume et reconnu par experience qu'ils estoient utiles pour l'instruction de la jeunesse en la vraye pieté, aux bonnes mœurs et lettres
humaines, auroit permis et accordé l'establissement de plusieurs

1. Copie. Arch. de la ville d'Autun, F. du Collège. Ces lettres patentes furent
enregistrées au parlement de Dijon le 26 avril 1611.

colleges de leur ordre en divers endroits du Royaume, à l'instance et
supplication de ses sujets qui l'en auroient requis, et luy mesme pour
temoigner son affection envers eux, fait, edifié et dotté un college
de ladite societé en la ville de la Fleche en Anjou, lieu de sa naissance et education, qu'on peut dire estre aujourd'hui l'un des plus
somptueux en stature et bastimens et des plus riche en dottation et
revenus qui soit, à l'imitation du quel nous aurions aussy fait pareille
grace à aucune ville et communauté où lesdits colleges pourroient
aporter quelque commodité et utilité à nos sujets, ce qui auroit
meu nos chers et bien amés les vierg, eschevins et habitans d'Autun
en nostre pays et duché de Bourgogne de nous suplier leur vouloir
permettre l'establissement d'un college de ladite societé en leur ville
pour y faire instruire la jeunesse de ladite ville et de lieux circonvoisins, nous remontrans qu'elle est l'une des plus anciennes de nostre
Royaume et de plus grande enceinte et circuis, assize en lieu steril,
esloignée de tout commerce, en laquelle il y a grand nombre de
maisons, et neanmoins peu d'habitans, et que le seul moyen de la
peupler estoit l'erection dudit college qui y pourra attirer affluence
d'ecoliers, à l'occasion de ce que les vivres y sont à bon prix et le
lieu hors de toute desbauche, qui auroit mesme esté cause que
d'ancienneté après la ruine de cette grande ville les Ecoles publiques
de la plus part des Gaules y furent establies et durerent longtemps
en grande celebrité ; d'ailleurs, que ledit college sembloit y estre
necessaire en consideration de ce qu'il y a evesché dans ladite ville,
lequel est de grande estendue, esglise collegiale, abbayes et prieurés,
et par ainsy grand nombre de gens d'esglise, prestres et religieux, la
plus part desquels, pour n'avoir moyen de se faire instruire aux
bonnes lettres, par la pauvreté de leurs parents, sont demeurés
ignorans, et continuera toujours ce mesme mal et desordre s'il n'y
est pourveu par l'erection et establissement dudit college, attendu
qu'il n'y a college plus prochain de ladite ville que celuy de Dijon,
distant de seize grandes lieues, en laquelle les vivres et louage de
maison sont si cheres et les escoliers en si grand nombre, ladite
ville estant d'ailleurs fort peuplée, que les parents ne peuvent entretenir leurs enfans sans une despense excessive, que les habitants de
ladite ville d'Autun, la plus part desquels sont pauvres et de si peu
de moyen qu'ils ne la peuvent suporter, nous requerans, pour les
considérations susdites, leur accorder l'erection dudit college, du
moins pour les lettres humaines. A ces causes, nous avons par ces-
tuit nostre present edit perpetuel et irrevocable permis et permettons
aux vierg, eschevins et habitans d'Autun d'establir, bastir et dotter

8

un college de ladite Société en tel lieu de leur ville qu'il sera par eux jugé le plus commode, et à ladite Société des Jesuistes de le composer en tel nombre de personnes qu'elle estimera necessaire pour faire le service divin et instruire la jeunesse aux lettres humaines, selon les regles et formes dont ils ont acoustumé d'user, et generallement de faire pour ledit establissement ce qui sera requis pour en recueillir le fruit, conformement à nostre vouloir et intention. Sy donnons en mandement, etc. Donné à Fontainebleau, au mois d'octobre, l'an de grace mil six cens et treize, de nostre regne le quatrieme. *Signé* LOUIS, *et sur le replis*, Par le roy, la reine regente sa mère, POTIER. [1]

V

Enregistrement, avec restriction, des lettres patentes autorisant les Jésuites
à établir un collège à Autun. — 25 mai 1618.

Veu les lettres patentes du Roy, en forme d'édit, données à Fontainebleau, au mois d'octobre mil six cens treize, par lesquelles Sa Majesté auroit permis aux vierg, eschevins et habitans de la ville d'Ostun, d'establir, bastir et dotter un college de l'ordre et société des Jesuittes en tel lieu de ladite ville qu'il seroit jugé par eux le plus commode, et à ladite société des Jesuittes de le composer de tel nombre de personnes qu'elle estimeroit necessaire pour le service divin et instruire la jeunesse aux lettres humaines, selon les regles et formes dont ils avoient accoutumé d'user, et generallement faire pour ledit establissement ce qui seroit requis; requeste desdits vierg et eschevins, à ce qu'il fust procédé à la verification et enterinement desdites lettres; actes des assemblées faites par lesdits habitans, tant en l'esglise des Cordeliers dudit Ostun qu'en la Chambre de ville dudit lieu, les 28 juin 1606 et 5 juin 1612, par lesquelles ils avoient tous unanimement consenti que Sa Majesté seroit très humblement suppliée d'accorder l'establissement dudit college, estat des deliberations de ladite chambre de ville des 20 novembre et 5 decembre derniers, par lesquelles iceux habitans auroient aussy arresté de procurer incessamment la verification dudit edit; conclusions du procureur general du Roy : la cour, les chambres assemblées, pour certaines causes et considerations, a verifié et enteriné ledit édit, ordonné

1. Copie. Arch. de la ville d'Autun. Collège.

qu'il sera registré et aura effet pour la residence de dix Jesuittes seulement en la ville d'Ostun, lesquels instruiront la jeunessse aux quatre classes de grammaire, sans qu'ils puissent lire la rhetorique, philosophie, theologie ou autre science. Fait à Dijon en parlement, lesdites chambres assemblées, le 25e may mil six cens dix huit, *signé* JOLY. [1]

VI

Lettres de jussion pour contraindre le parlement de Dijon à enregistrer, sans restriction, les lettres patentes de 1613. — 26 février 1620.

LOUYS par la grace de Dieu roy de France et de Navarre, à nos amés et feaux conseillers les gens tenans nostre cour de parlement à Dijon, salut. Par nostre edit du mois d'octobre mil six cens treize, nous aurions, pour les causes et considerations y contenues, permis à nos chers et bien amés les vierg, eschevins et habitans de nostre ville et cité d'Ostun, d'establir, bastir et dotter un college de l'ordre et societé des Jesuittes en tel lieu de la ville qu'il seroit jugé par eux le plus commode et à ladite societé des Jesuittes de le composer de tel nombre de personnes qu'elle estimeroit necessaire pour faire le service divin et instruire la jeunesse aux lettres humaines, selon les regles et formes dont ils ont accoustumé, ainsy qu'il est plus particulierement contenu et declaré en nostre edit, lequel, vous ayant esté presenté pour le verifier auriez par vostre arrest du 25 may 1618, ordonné qu'il seroit registré et sortiroit pour la residence de dix Jesuittes seulement, lesquels instruiroient la jeunesse aux quatre classes de grammaire, y ajoutant cette clause, sans pouvoir lire ni enseigner la rhetorique, philosophie, theologie et autre science, encore que par nostredit edit n'ayons entendu comprendre sinon l'institution auxdites lettres et entre autres la rhetorique qui n'en doit estre separée : occasion de quoy les vierg, eschevins et habitans nous ont tres humblement fait supplier leur vouloir sur ce pourvoir et octroyer nos lettres necessaires. A ces causes, après avoir fait voir à nostre conseil ledit arrest cy attaché sous le contre scel de nostre chancellerié et l'avis d'iceluy, nous voulons, vous mandons et très expressemment enjoignons par ces présentes, signées de nostre main, que sans vous arrester à vostre dit arrest, vous ayez à proceder à la verification et

1. Copie. Arch. de la ville d'Autun, F. du Collège.

enregistrement de nostre dit edit purement et simplement selon sa forme et teneur, ce que faisant permettre à ladite société des Jesuittes de composer le college de ladite ville d'Ostun de tel nombre de personnes qu'elle jugera necessaire pour faire le service divin et instruire la jeunesse aux lettres humaines, en quoy entendons la rhetorique estre comprise, voulons que ces présentes vous servent de dernier et expres commandement que pourriez attendre de nostre volonté pour ce regard. Car tel est nostre plaisir, nonobstant ledit arrest et choses quelconques à ce contraires. Donné à Paris le 26e jour de fevrier l'an de grace mil six cens vingt et de nostre regne le dixiesme. *Signé* LOUIS. Par le roy, POTIER.

VII

Traité entre les habitants d'Autun et les Jésuites au sujet de la création d'une chaire de rhétorique au collège. — 6 juillet 1620.

En nom de Nostre Seigneur, amen. L'an de l'incarnation d'icelluy courant l'an mil six centz et vingt, le sixiesme du mois de juillet, heure de midy, ont esté presentz en leurs personnes noble Barthelemy Darlay, conseiller du roy, cy devant maistre en sa chambre des comptes à Dijon et vierg de la ville d'Ostun, maistre Jean Dechevannes, advocat, honorable Pierre Desplaces [Nicolas Blanchet, praticien] et Pierre Ballart, eschevins, maistre Jacques Lamy et Jean Garnier scindicqs, de l'advis des sieurs lieutenant de Montagu et Arthault, de maistre Philibert Venot, Philibert Garnier, Abraham de Charancy et Denis Thiroux, advocat, Jean et Adrien Pillot, marchands, d'une part, les reverants peres Jean Bonnet, provincial, et Avit David, recteur du college des peres Jesuistes dudict Ostun, d'aultres, lesquels, suivant la resolution prinse aux assemblée et convocquations faicte des habitans, à son de trompe, en la chambre de ladicte ville, les premier et troiziesme jours du present mois de juillet, au faict et subject de l'exercice dudict college, ont traicté et accordé ce qui s'ensuit : sçavoir est que lesdicts peres, soubs le bon voulloir et consentement du reverant pere general de leur ordre qu'ils feront ratiffier deans six moys, et soubs le benefice des lettres et permission donnée par Sa Majesté, seront tenus, comme ils ont promis, d'augmanter ledict college d'une classe de rethoricque, oultre celles d'humanités et de grammaire qu'ils font de present, et accroistront le nombre des personnes de leur profession tel qu'ils jugeront necessaire pour

commancer à lire et enseigner ladicte rhetorique à la saint Luc prochaine. Et ce en consideration que ladicte ville a poursuivy et obtenu
la resignation du prieuré de Couches en faveur desdicts peres
Jesuistes et dudict college d'Ostun, les bulles duquel benefice ont
esté presantement remises audict pere recteur, lequel en a deschargé
laditte ville qui demeure deschargée de faire jouyr lesdicts peres
dudict prieuré paisiblement, suivant les bulles de sa Sainteté, et de
poursuivre à leurs frais l'enterinement desdictes lettres et bulles.
Et parce que ladicte ville a emprunté mille livres pour l'expedi-
tion desdictes bulles et qu'elle est obligée de payer pour une fois la
somme de trois mille livres au sieur abbé et couvent de Flavigny, a
esté accordé que lesdictes sommes seront prinses et remboursées sur
les cinq mille livres données par Sa Majesté auxdicts peres et college
sur les deniers provenantz du droit d'indampnité dehu par les affranchis. Sur le surplus de laquelle somme seront prins les frais qu'il
conviendra faire pour l'enterinement desdictes lettres et bulles, et ce
qui restera de bon sera donné auxdicts peres pour ayder à leur
ameublemant et achat de livres pour ledict college. Demeurent
lesdicts peres chargés du payement des cent livres dehues annuellement au sieur abbé et couvent de Flavigny sur le revenu dudict
prieuré de Couches, et de touttes charges quelles quelles soient dehues
sur icelluy, tant de decimes que autres. Et parce que Mre Nicolas
Couchon, dernier titulaire, a passé deux procurations en blanc pour
lever le revenu dudict prieuré jusques au temps que lesdicts peres
en prendront possession, duquel revenu il est dehu une demye
année, lesdictes deux procurations, ensemble l'admodiation dudict
prieuré dattée du dernier novembre mil six cens dix sept, ont esté
données et mises en mains dudict pere recteur pour lever ledict
revenu, tant de l'advenir que de l'escheu, pour ayder à l'ameublement de ceux qui s'accroistront à leur nombre pour faire ladicte
rethorique et pour advance de leur entretenement et nourriture.
Auront en oultre lesdicts peres Jesuistes le revenu de la prebande
preceptorialle dont ils ont jouy ci-devant et qui est accoutumée payer
par les sieurs venerables Saint Ladre dudict Ostun audict college. Et
parce que ladicte ville, par la necessité des affaires dudict college et
le bien d'icelle, a engagé pour quinze années l'antien octroy de cinq
sols sur chacque minot de sel destiné de toutte anciennetté pour ledict
college, a esté accordé que lorsque ledict octroy de cinq solz sera
desgagé, ce qui sera deans lesdictes quinze années au moings, il sera
donné perpetuellement audict college en consideration de l'exercice
qui se doibt faire de ladicte rethoricque. Et parceque la ville pour le

present n'a la commodité de faire bastir aultrement lesdicts peres que comme ils sont; comme aussi de les plus amplemant fonder et dotter, au moien de quoy elle ne pretend presentemant prendre le titre de fondateur, il demeure loisible auxdicts peres, se quelconque se presente, de traicter pour ladicte qualité en les batissant et achevant ladicte fondation, saufz auxdicts sieurs officiers d'accepter ladicte qualité en concurrance des conditions qui leur seront offertes d'ailleurs. Et demeure auxdicts peres Jesuistes le college et le lieu où ils habitent de present avec touttes ses appartenances en propriété pour en disposer comme bon leur semblera, au proffict touteffois dudict college, duquel lieu et bastiment en l'estat qu'il est de presant lesdicts peres Jesuistes se contantent et en deschargent laditte ville, sinon et en tant que laditte ville voulut prandre laditte qualité de fondateur aux conditions cy dessus de les bastir et d'achever ladicte fondation. Car ainsi a esté accordé entre lesdictes parties, à l'observance de quoy elles ont obligé un et chacun leurs biens en la cour de la chancellerie, etc., *sic*.

Faict et passé audict Ostun en la chambre du conseil de ladicte ville pardevant George Ballard, notaire royal audict Ostun, à heure de midy, presents maistres Pierre Fontin, procureur audict Ostun, Pierre de Lagoutte, sergent royal demourant à Verriere soubz Glayne, et honorable Claude Saclier, marchand, residant à la Perriere paroisse d'Estang, temoins requis qui se sont soubsignés avec les parties susnommées, tant sur le present livre que minutte qui est demourée es mains dudict Ballard, notaire.

B. DARLAY. — S. DE MONTAGU. — J. BONNET. — ARTHAULT. — J. DECHEVANES. — A. DAVID. — P. DES PLACES. — P. BALLART. — J. GARNIER. — LAMY. — P. GARNIER. — VENOT. — DE CHARANCY. — THIROUX. — PILLOT. — FONTIN. — C. SACLIER. — DE LAGOUTTE. — N. BLANCHET. — BALLARD notaire royal. [1]

1. *Reg. des délib. de la chambre de ville*, vol. XV, fol. 6.

VIII

THEATRVM AVGVSTODVNENSE,

LEODEGARIVS HEDVORVM
EPISCOPVS,

EX SIGEBERTO, ET URSINO, NEC NON VETVSTIS
S. Lazari Urbis Patroni monumentis.

ACTVVM PERIOCHE.

ACTVS I.

EBROINVS abiecta omni cum religioso habitu religione, ad Maioris Palatij gradum quò fuerat antè deiectus, et claustro inclusus redire cogitans; consilio et ope Dæmonis, in Childerici extincti locum mentitam Clotarij prolem, nomine Clodoueum inducere, bellumque Antistiti Heduorum Leodegario, quem et metuebat, et oderat, vnà cum impiis Dodone, Bobone, Vaimaro ducibus cœpit indicere. Leodegario, Episcopatum postliminio repetenti, à Vergobreto et Ciuibus itur obuiam. Eo in itinere viso Cometo, imminentem Galliæ cladem præsagit Præsul, sicarij manus euadit, tandem vrbem ingreditur, insequitur Ebroinus, qui vt dedatur, se ad obsidionem parat, et Clodoueum Regem nominat.

II.

VRBS tota gestit, faustisque vocibus Leodegario gratulatur. Cum se repente ab Ebroino obsessam videt, ineunt consilium Ciues, quid facto opus quærunt, vim vi statuunt repellere, dum mittitur ad Ebroinum qui, quid velit exploret. Vrbs itaque foris acriter impugnatur, intus acrius propugnatur, interim vnum peti Leodegarium ab Ebroino nuntiatur, qui vltrò se dedidit, inuitis, illacrymantibusque omnibus, illi oculi, vt et cuidam Theophilo cruuntur, deinde Vaimaro obiiciendus feris committitur.

III.

VAIMARVS pietatis iuxta, et vrbanitatis memor, Ebroino non paret. Leodegarium innocentem dimittit. Clodoueus sorte regia insolescit. Sed non multo post infœlicem eiusdem sortis aleam deplorat, cum infidum audit Ebroinum ad restitutum regno Theodoricum defecisse. Porrò discedens præcipit Ebroinus Boboni, vt quem euasisse acceperat Leodegarium cum Guarino, ipsius germano, et proditore Vaimaro sibi apud Regem sistat.

IV.

RESTITVITVR in statum pristinum à Theodorico Ebroinus, adducitur à Bobone vterque frater, vterque criminis capitalis falso insimulatur, res tota Ebroini arbitrio relinquitur, qui tam iniquè quàm properè obtui saxis Guarinum, truncari capite Leodegarium iubet, quod vterque supplicium hilaris adiit. Sed tantæ impietatis pœnas dedit Tyrannus, nam Hermenfridus ei, iam multis confosso vulneribus, ab humeris caput auulsit.

V.

EFFERTVR cum pompa Leodegarius, à ciuibus Heduis, Atreba-
tensibus, Pictauis. Obcæcatus Theophilus palmæ Leodegarij piò
inuidet, audit idem horrendas Dæmonum voces, qui miserum Ebroinum iamiam rapiant ad tartara (vt est in annalibus Ecclesiasticis).
Custos Angelus prodit, et quasi præco beatorum fratrum vmbras
euocat, reumque Ebroinum ad suum tribunal rapi iubet à Dæmone;
rapitur, accusatur, conuincitur, impius frustra Genij clementiam
obtestatus multa querens, multa excusans causa cadit, Geniique sen-
tentia, vices iudicis obeuntis, æternis flammis cruciandus addicitur,
et in apertum, erumpentibus flammis, barathrum horrendum in
modum vociferans detruditur.

*Diludiorum loco Ecclesia Augustodunensis diu vexata, tandem de
Ebroino sub Apostasiæ nomine musicis actoribus triumphabit.*

PERSONARVM ET ACTORVM NOMINA. [1]

S. LEODEGARIVS,	PETRVS DARLAY, *Augustodunensis.*
S. GVARINVS frater,	HIERONYMVS NAVLT, *Luziensis.*
HERMENFRIDVS, Dux,	BARTH. CALLARD, *Montiscineriensis.*
Ciues {VERGOBRETVS,	IOANNES DE CHASLVS, *Soubernensis.*
VICTORINVS,	IOAN. AVGVSTVS, *de Rossillon.*
TIMOTHEVS,	Frat. IOAN. BAPT. GRANGIER, *Augustod.*
THEOPHILVS, Martyr,	CLAVDIVS DEPEY, *Gengulphinensis.*
GENIVS,	FRANC. LESMVLIER, *Semuriensis.*
MEROALDVS, Legatus,	BERNARDVS DE GANAY, *Augustodunensis.*
EBROINVS,	LAZARVS BOROT, *Auallonensis.*
DODO,	ANDREAS DESCROTZ, *Augustodunensis.*
BOBO, } duces.	LAZARVS POTILLON, *Tolonensis.*
VAIMARVS,	PETRVS LA FORGE, *Buceriensis.*
CLODOVEVS,	ALEXANDER DE ROCHEFORT, *Insulanus.*
DÆMON,	LVDOVICVS OVDIN, *Sedelocensis.*
AGIOMACHVS,	STEPHANVS BRVANDET, *Castrichiensis.*
TRIBVNVS, } assecle.	IACOBVS SIMON, *Puliviensis.*
PRÆCO,	DOMINICVS GARNIER, *Danoënsis.*

AGENT PRÆTEREA HONORARII PVERI

ANTONIVS DE MONTAIGV, *Augustodunensis.*
CAROLVS BENIGNVS LALLEMAND, *Augustodunensis.*
FRANCISCVS PILLOT *Augustodunensis.*
ANTONIVS CLERGVÉ, *Cabillonensis.*

*Habebitur in aula Collegij Augustodunensis, Societatis IESV,
postridie illius diei, qui Sancto Lazaro sacer est.*

1. Voir à la fin, page 140.

IX

Ladralia [1] seu guerra Autunea, carmen macaronicum, authore R. P. Ignatio Josselin Societatis Jesu, professore rhetorices in collegio Augustodunensi ejusdem societatis. Anno 1701. [2]

> Ladrales ludos seu pitoyabile guerrum
> Fas mihi per populos conformi dicere versu.
> O Mars! o nostræ numen favorabile guerræ,
> Illa tuo livrare solent si prælia Campo, [3]
> 5   Huc ades, utque epeos animas sio, oro, coardam
> Plumam anima mecumque veni renovare bataillam.
> Tuque adeo (cendras liceat remuare quietas),
> Ædua [4] quem pleurare solet, Debarre [5], quotannis
> Ladrali heroem bello decus addite Divis,
> 10 Si patriæ te touchat honos allabere cœptis
> Et macaronicas non dedignare camœnas.
> Audior; inflammata aneri plus pluma papyro,
> Sentio, repandet nostri quam sanguinis enses.
> Urbs ancienna fuit, superstitionibus olim,
> 15 Non guerris, temere ut disant, soror æmula Romæ,
> Autunum : quoscumque deos et [6] numina quondam
> Græcia vel Roma enfantaverat, illa colebat :

1. *Ladralia seu guerra Autunæa*, jeux ou petite guerre qui avaient lieu chaque année à Autun, à l'occasion de la fête patronale de la Saint-Lazare, vulgairement appelée la *Saint-Ladre*. Ces jeux ont cessé en 1791.

2. Des six mss. que nous connaissons du poème du père Josselin, quatre portent la date de 1701 : celui de l'abbé Troufflaut, qui appartient à la B. de la Société Éduenne; deux se trouvant dans la B. de M. Harold de Fontenay, à Autun, et un dans la nôtre. Deux autres sont sans date.

3. *Tuo... Campo*, sur la vaste place encore appelée aujourd'hui *le Champ-de-Mars*.

4. Le ms. Troufflaut porte *o, dux*. Tous les autres donnent la version *Ædua*, qui est bien plus satisfaisante.

5. *Quem plorare solet, Debarre*, Nicolas Debard, ancien major de la milice bourgeoise. Il y avait aussi Guillaume Debard, conseiller au bailliage, capitaine de la centaine du Château. Mais c'est le premier, mort depuis plusieurs années, que vise le poème du P. Josselin, et non le second qui vivait encore en 1701. La milice bourgeoise, sous les ordres d'un major, faisant fonction de colonel, était divisée en six centaines ou compagnies : 1° du Château; 2° des Dragons; 3° de la rue Saint-Antoine; 4° du Champ-de-Mars; 5° de Marchaux; 6° du Châtelet-Saint-Andoche.

6. *Et numina*. Plusieurs mss. portent *quota numina*.

Ante alios blondam Cererem Plutonaque noirum,
Et Janum binaficerum, et cœlo altitonantem
20   Jupiterum, et Martem, queis templa arasque sacrarat
Quas super et porci lardum buffique vianda
Sacrificabantur. Pro hac religione parentum
Tot nobis buffi, tot vel venere cochoni;
Jeuti etiam, Divum reliquos, et bella quotannis
25   Martis honorabant numen. Sed ut omnia fatis
In pejora ruunt, autellæ templaque passim
Renversata jacent, jeuti cessere, cochonni
Victima grassa fugit : restant quæ decrivo bella.
Cum venit hoc guerræ tempus (venit annua quando,
30   Ex queis nomen habent, veniunt Ladralia festa),
Præparat hinc sese atque illinc burgeoisia pubes;
Pars hæc ire pedes, pars hæc conscendere rossas,
Hunc arquebusam videas ferrugine fœtam
Baguetta lavare levi; hunc in flumine Arouti ¹
35   Carabinam patris atque atavi purgare lavando;
Ille epeum, Henrici quarti de tempore factum ²,
Fumosa ereptum chemina, frotat atque refrotat
Tripolito; ille suum in Liguâ qui serviit olim
Rumpatum centuronem usatumque recousat.
40   Interea ex omni circum regione formses
Visuri accurrunt guerram; venere sedentes
Cavallis pouliniferis longamque ferentes
Pendentem a dorso brettam cloutosque semellis
Qui faciunt *latata, latata,* resonare pavetos,
45   Gentilhomi ongrelini ³; fini venere Bonoisi ⁴
Crucibus ut semper maigris; portando cabritos
Venit et in capris Monticini ⁵ incola montis;
Venit et in vitulis Arneti ⁶ læta juventus :
Agmen agens mixtum malis mixtumque femellis.
50   Hinc et Sedelocus ⁷, Castrochinonus ⁸ et illinc
Perruquam sine crine gerens nigriorque diablis

1. *Arouti,* l'Arroux, affluent de la Loire, qui arrose Autun.
2. *De tempore factum.* Plusieurs mss. portent *qui tempore factus* ou *fractus.*
3. *Gentilhomi ongrelini.* V. plus haut, p. 72, note 1.
4. *Bonoisi,* les habitants de Beaune.
5. *Monticini incola montis,* l'habitant de Montcenis.
6. *Arneti,* Arnay-le-Duc (Côte-d'Or).
7. *Sedelocus,* Saulieu (Côte-d'Or).
8. *Castrochinonus,* Château-Chinon (Nièvre).

Adfuit; adfuerunt curei centum, atque bubulci
Armati baculis aut aiguillionibus omnes;
Non Benedictini, Minimi aut genus omne cuculli
55 Defuit; ante alios Jacobinus rouja refrognans
Ora venit; quin, qui Ligeris rivagia late
Cultivat et qui Ararim potat venit agmine longo.
Ergo dies pugnæ ut luisat, fragor intonat ingens
Tambourinorum, coeunt et cum duce miles.
60 Marchat signa sequens, marchat Bonarius [1] heros,
Branchetas [2] secum menans bello ordine turmas;
Marchat et Henriotus [3] terram remuare peraptus
Atque adeo vallùm rescindere; tota sequuntur
Agmina fauburgi, haud armata ligone sed ense :
65 Moraltus [4], Blangæusque [5], ducum par nobile, marchant,
Hostibus ambo suis cuirum tannare parati :
Castelli [6] ille trahens bravas in bella phalanges,
Marchautum [7] hic longis verubus non ensibus armans;
Hic quoque Margronides [8] Campo se monstrat aperto
70 Martium agens agmen; monstrat se in fonte dragonum
Godillotus [9] drago (placet appellare dragones
Qui nec equos, habitum nec habent nec corda dragonum);
Marchat et ante alios hic regardabilis omnes,
Albardam pariter bonus et portare seringam,
75 Raffatinus [10], melior tamen inferiora ferire
Terga hominum quam pectus erat. Sed et æthere clamor

1. *Bonarius*, Jacques Bonnard, avocat, lieutenant de la milice bourgeoise.
2. *Branchetas..... turmas*, la compagnie du faubourg *Saint-Branchet*, aujour-d'hui faubourg Saint-Pancrace. Plusieurs mss. portent *turbas*.
3. *Henriotus*, Jean Henriot, jardinier, capitaine de la centaine du Châtelet-Saint-Andoche, ou Jacques Henriot, lieutenant.
4. *Moraltus*, Denis Moreau, tanneur, lieutenant. On trouve avant lui Pierre Moreau, tanneur, capitaine de la centaine du Châtelet-Saint-Andoche, mort le 2 avril 1661. (V. *Armorial de la ville d'Autun*, par H. de Fontenay, p. 197.)
5. *Blangæusque*, Didier Deblangey, tanneur, lieutenant de la centaine de Marchaux, avait acquis son office le 4 mai 1699.
6. *Castelli..... phalanges*, la compagnie du quartier du Château, dont Denis Moreau était lieutenant.
7. *Marchautum*, le quartier de Marchaut, dont la centaine était commandée par Didier Deblangey.
8. *Magronides*, Claude-Éléonore Margueron, capitaine de la centaine du Champ-de-Mars.
9. *Godillotus*, Lazare Godillot, lieutenant de la compagnie des Dragons.
10. *Raffatinus*, Jean Raffatin, apothicaire, lieutenant de la centaine du Champ-de-Mars.

Unde novus frappat? non fallor, ferreus heros [1]
(Sic hominem appellant cuirassa ambonoque tectum)
Jumento in forti sedet et per campita trottat,
80   Villæ signa ferens quæ, ne prenentur, in imo [2]
Illa loco fourat cui non touchare facultas :
Ille decus totum est et tota fiducia guerræ.
Dux guerræ interea Montandeus [3] inclitus heros
Echarpa insignis blancha fulgebat in austro,
85   Cornipedemque piquans circum volat agmina menans
Quo se gloria vocat, quo se expugnatio fortis,
Arrivat in Campo quem Martis nomine dicant,
Mars, quod ibi æternos jeutorum accepit honores.
Huc ades, huc musa, aut Trojæ tu structor Apollo,
90   Te sine jam [4] lourdo tombo sub pondere rerum,
Dic structum in Campo fortum, dic mœnia, turres,
Dic medias lunas, et inexpugnabile vallum :
Dicam acies, dicam in fortum bella, horrida bella.
Terribile hoc fortum quarreti rite figuram
95   Servat, quod quadruplex turris, non bastio, cingit;
Pro muro vasta [5] est sæpes, proque aggere sæpes,
Pro fossa sæpes, pro quolibet unica sæpes [6] :
Passibus illa decem longa est, saltu alta capellæ [7].
Se coupat geminam in partem : quamque altera sæpes
100   Ravelini in formam longe angulata defendit.
Defensum ergo aliis hoc imprenabile fortum
Assiegeant acies aliæ : hinc homo ferreus atque hinc,
Ut loutus quandoque explorat ovilia circum,
Explorat circum cherchans [8] sine milite plassam.
105   Dux guerræ interea Montandeus [9] agmina ranjat
Exhortatque suos. Subito trompetta bataillam

1. *Ferreus heros*, personnage couvert d'une armure, portant le drapeau de la ville.

2. *In imo*. Plusieurs mss. portent *in uno*.

3. *Montandeus*, Pierre Jodrilliat de Montandé, écuyer, major de la milice, avait succédé dans cette fonction à Nicolas Debart.

4. *Jam lourdo*. Plusieurs mss. portent *tam lourdo*.

5. *Vasta*. Plusieurs mss. portent *verta*.

6. *Pro quolibet unica sæpes*. Le seul ms. Troufflaut porte *pro omni munimine sæpes*.

7. *Capellæ*. Plusieurs mss. portent *cabriti :* d'un saut de chevreau, ce qui réduit encore la hauteur de l'obstacle et rend les efforts des assiégeants plus ridicules.

8. *Cherchans*. La plupart des mss. portent *courrans*.

9. *Dux guerræ interea Montandeus*. Deux mss. portent *at gloriæ impatiens Montandeus*.

Concrepat. Hinc gaito fremitu agmina longa repondunt :
Tela levant, et quamquam nulla hos [1] tranchea cachat,
Concurrant resoluti armis perrumpere vallum.
110 Elati in cointos hostes pro turribus extant
Parte alia attendantque hostes. Primo agmine tandem
Dragones catapulta tirant : fit flammea nubes
Pulvere mixta atro; repoussat garniso nubem
Ignitam nubi reddens; utrinque fusitis
115 Alternas fictasque lachant sine vulnere mortes.
Continuat dragonum acies, jamjam ravelinum
Touchabat manibus longis, cum ferrea sæpes
Halbardis picquisque arcet. Succedere currit
Castellana phalanx [2] et tela minantia picquis
120 Opposans ruit in fortum. Ruit ignea contra
Tempestas sine morte [3] furens. Quis vulnera et ictus
Explicet aut contet? fortis te cpinna picquavit
In digito, Moralte [4] infelix; guttula coulat
Sanguinis hinc, jamque exanimis pervolveris cheu!
125 Quis femmæ aut puerum, quis nuntius auribus ibit?
Hanc tamen hanc sæpem frappabant, ictibus ictum
Vengeantes socii, sed tunc conversa repente
Halbarda incombens volitat per terga per armos [5]
Cum crepitu, centumque cracant sub vulnere costæ,
130 Quales jardini crepitant sub grandine clochæ.
Non tamen est coutis requies dum linquere prisam
Suadet amor dorsi et pallentes cedere forto.
Ast alii fortum subeunt pugnamque ruentes
Instaurant : præit ut cladem pro clade reponat,
135 Jamdudum certa versatus in arte tuandi,
Raffatinus (contavit enim a tempore cum illo [6]
Affairas habuisse); ergo brulantia courat
Hostibus ex ferri tubulis lavamenta vibrare.
Ast non terga hostes nudant. Contra obvia sortit

1. *Nulla hos tranchea.* Quelques mss. portent *nullum tranchea.*
2. *Castellana phalanx,* la compagnie du quartier du Château.
3. *Sine morte.* Plusieurs mss. portent *sine more.*
4. *Moralte,* Moreau. V. plus haut, p. 123.
5. *Per terga, per armos.* Le ms. Trouffaut porte *per tela, per enses.*
6. *Contavit enim a tempore cum illo.* Plusieurs mss. portent *Contavit enim omnes a tergore cum illo.*

140 Garniso grenadisque suis freta mœnia præter
Agmine consistit certo. Tunc ordine primo
Sunt grenadarii nobis incendia forte
Qui spargunt obligantque hostes convertere dorsa.
Ergo batailla datur, toto roboantia cœlo

145 Tamborina *plan, plan*, ronflant, et fanfara *fan, fa*
Trompettæ resonant animantque in prælia Martem.
Grenadæ hinc atque hinc partant, simul ecce tonitra
Æthera cum flammis animos formidine complent.
Crediderim infernum atque ouverta esse ostia Ditis,

150 Crediderim aut centum tot factas esse diablis
Machinas, adeo sortant multi inde dragones,
Tot colubri igniti sifflant, tot in æthere longe
Serpentant, grillant barbas cottasque femellis,
Tot volitant per inane faces, tot funera ficta

155 Qua tombant, qua non tombarunt obvia quæque
Derangeant. Cessere duces, cessere phalanges,
Raffatina cohors cessit, fortoque recurrit
Garniso, utrique hostes victi dant tergora tergis,
Fortum alternatim postquam attaquasse videntur.

160 Frustra acies omnes, generalis et ultima circum
Attaqua fit, trompetta sonat; se reddere nolunt
Mutini, quin rursum audent excedere portis
Ireque in adversos. Tunc, tunc Autunæa, mirum,
Quam sex adducunt pueri, artilleria venit

165 Pulvere sulphureo satura, et braquata *pi po pouf*
Petando ingeminat, qua toto exterrita forte
Sunt folia in motu, trepidi fugere catelli,
Mussarunt sese mures et ad ubera natos
Pressarunt matres. Tamen increbescere clamor

170 Cœpit et armorum strepitus : minantia sese
Tela melant, pictis picti hærent poignaque poignis;
Nitra petant, albarda ferit grenadaque crevat.
Cernere erat chapotos passim et volitare peruquas.
Hic et semiusti crines, hic igne relucens

175 Fœtorem moustacha dabat; certamine et alter
Pulvere mousqueti gatatus, tempora frontem
Excessit Mauro nigrior saliorque diablis.
Illa tamen non longa fuit numero impare pugna :
Obsessi lachantque pedem valloque decampant.

180 Poné autem insequitur, pressat fortoque potita
   Nostra acies brillavit, et inde poema finitum.
   Hæc ergo quæ cecini vidi de turre Pilati [1]
   Integrum mihi quæ fuerat bastilla per annum. [2]

Traduction en vers français par l'abbé Pierre-Louis Lenoble, chanoine
de la collégiale de Notre-Dame d'Autun.

 Je chante la Saint-Ladre ou la guerre piteuse
 Qui rend des Éduens la cité si fameuse.
 J'implore ton secours, puissant Dieu des combats :
 Viens animer ma plume ainsi que tes soldats !
 Et toi que tous les ans regrette ta patrie,
 Toi qui plein autrefois d'une noble furie,
 Dans ce célèbre Champ où se bat l'Autunois,
 Te faisais admirer par tant de beaux exploits,
 Debar, sur un dessein qui doit t'être agréable,
 Jette ici de l'Olympe un regard favorable !
 Brulé du même feu dont on te vit bruler,
 Que d'encre, au lieu de sang, je vais faire couler !
 Des Gaulois Éduens l'antique capitale
 De l'orgueilleuse Rome étoit sœur et rivale :
 Ne pouvant l'égaler en belles actions,
 Du moins elle imita ses superstitions,

1. *Turre Pilati.* Au nombre des maisons qui furent acquises par les Jésuites et sur l'emplacement desquelles le collège fut élevé se trouvait la maison dite *le Fief de la Roche ou de Ganay* qui fut subrogée à l'ancien collège. En 1701, avant les constructions nouvelles, il existait encore une tour dépendant de cet ancien fief et qui avait pris le nom de tour de Pilate « parceque le correcteur du collège y logeoit. » (*Mémoires mss. de Leseure,* fol. 57.)

2. Ce poème paraît avoir mis la poésie macaronique en vogue, ainsi qu'on peut en juger d'après une imitation qui en fut faite, en 1746, sous forme d'une « Addition au poème de la Saint-Ladre, sur l'introduction du cheval d'un meunier, d'où celui-ci tomba dans la cour du collège, et d'où s'éleva une petite guerre entre les écoliers et les passants. » Cette imitation, attribuée à l'abbé Lenoble et qui ne répond guère à ce que nous savons de son esprit fin et enjoué, est loin d'avoir l'intérêt et la gaîté du poème original. C'est surtout dans le genre burlesque qu'il faut savoir s'arrêter à temps, sous peine de tomber dans une inévitable platitude. Nous connaissons deux exemplaires de cette imitation, demeurée inédite et qui mérite de l'être : l'un, dû à la plume infatigable de l'abbé Troullaut, se trouve dans l'exemplaire de l'*Histoire de la ville d'Autun,* par Rosny, que possède la Société Éduenne ; l'autre, dans la bibliothèque de M. H. de Fontenay.

Et tout ce que la Grèce en chimères féconde
Avoit mis de faux dieux sur la scène du monde,
Ainsi que Rome Autun, se livrant à l'erreur,
L'adopta, lui donna son encens et son cœur.
Dans le vaste contour de ses remparts antiques,
Partout l'on ne voyoit que temples magnifiques :
C'est là que gros cochons, bœufs gras, moutons sans fin
Etoient journellement immolés à Jupin;
Cérès, Pluton, Janus et Mars, chefs de la bande,
Avec les autres dieux avoient part à l'offrande;
Leurs fêtes dans Autun se chomoient tour à tour,
Et des jeux différents en signaloient le jour.
Les jeux de Mars étoient de sanglantes batailles :
On livroit des assauts, on forçoit des murailles;
Mais, suivant le destin des ouvrages mortels,
Autun a vu tomber ses temples et ses autels;
Les fêtes ont cessé hors celle que je chante,
Foible et dernier effort d'une valeur mourante.
Les pères l'ont encor transmise à leurs enfants,
Et le jour de Saint-Ladre elle vient tous les ans.
Donc quand ce vient le jour de cette illustre fête,
La troupe citadine à la guerre [1] s'apprête.
Partagés en deux corps, les uns sont fantassins,
Et les autres à poil montent de vieux roussins.
Bizarrement armés, chacun à sa manière,
A son côté l'un pend une longue rapière
Qui du temps de Capet, à la mode jadis,
Passe encore pour brette au temps auquel j'écris;
Le ceinturon n'est pas de moins antique datte;
L'autre d'un lourd fardeau charge son omoplatte,
S'arme d'une arquebuse ou d'un gros [2] mousqueton :
Carabine, fusil, pistolet, tout est bon;
Arc, hallebarde et croc, pique, lance et cuirasse,
Quiconque en a s'en sert; qui n'en a pas s'en passe.
La bigarure plait, et l'uniformité,
Dans un exploit burlesque, auroit moins de beauté.
Cependant le forain, sorti de son village,
A cette fête accourt de tout le voisinage.

1. *A la guerre.* Plusieurs mss. portent *à guerroyer.*
2. *D'un vieux.*

Souliers garnis de cloux et la brette au côté
Vient le noble ongrelin sur sa rosse monté;
Sur ses flutes y vient le fin matois de Beaune,
Entrainant après lui les peuples de la Saône;
Viennent les veaux d'Arnay, gros, gras et bien nourris;
De Montcenis ensuite arrivent les cabris;
Les manants de Saulieu les suivent à la trace;
Ceux de Chateau-Chinon y viennent en tignace,
Armés à faire peur; portant des aiguillons
Suivent des Morvandaux les rustres bataillons :
Pêle-mêle, curés, moines de toutes sortes,
Gris, blancs, noirs, bigarrés, se présentent aux portes;
Hommes, femmes, enfans, on se pousse, il faut voir;
L'un perd d'abord son gant et l'autre, son mouchoir;
Pour sauver sa perruque, on la met dans sa poche;
Maint chapeau vole en l'air, on se gourme, on s'accroche;
Heureux qui profitant des ombres de la nuit
S'est coulé dans Autun sans tumulte et sans bruit.
A peine on voit briller l'aurore matinale,
Tambours de toute part battent la générale.
Rangés sous leurs drapeaux, rians comme des fous,
Officiers et soldats marchent[1] au rendez-vous.
Bonard de Saint-Branché commande la brigade;
Des manans du fauxbourg Henriot conduit l'escouade :
Pour démolir un fort, tous la pioche à la main,
Qu'ils vont en peu de temps culbuter de terrain!
Sous Blangey et Moreau, héros à mine étrange,
S'avance des tanneurs la puante phalange,
Prête des ennemis à bien tanner la peau.
Les tanneurs sont suivis des braves du Château.
Marchaud de son côté vient en belle ordonnance :
Une broche à ces gueux sert d'épée et de lance.
Tout le Champ pour son chef reconnaît Marguerou.
Des dragons démontés le terrible escadron
Suit Godillot; on lit dans leur figure blème
Ce qu'on doit espérer de leur valeur extrême.
Entre tant de héros, dignes enfans de Mars,
Raffatin, plus que tous, s'attire les regards;
Raffatin, lui tout seul, vaut une armée entière :
Quel brave devant lui n'a montré le derrière?

1. Viennent.

Sa hallebarde, au fond, n'est pas ce qui fait peur.
Mais qu'entends-je? d'où vient cette étrange clameur?
C'est un homme de fer qui, dans sa marche oblique,
Trotte de rang en rang sur un cheval étique :
L'étendard de la ville à sa garde est commis;
Il cherche à le sauver des mains des ennemis;
Bien fin et bien hardi quiconque l'escamotte :
Il l'a subtilement fourré dans sa culotte.
A ce sacré dépôt, gage de tout bonheur,
Les dieux ont constamment attaché leur faveur.
Ainsi marche d'Autun la brillante milice,
Tandis que Montandé, doré comme un calice,
Remplissant les devoirs d'un actif général,
Voltige et fait gagner l'avoine à son cheval :
Il parcourt tous les rangs, il harangue l'armée
Qui d'une noble ardeur paraît être animée;
Il se met à la tête et la conduit au Champ
Où la gloire l'appelle et le laurier l'attend.
A moy, Muses, à moy! Votre troupe éloquente
Peut à peine suffire aux exploits que je chante!
Et toi qui d'Ilion élevas les remparts,
Viens, Apollon, ceux-ci méritent tes regards!
Viens admirer ¹ ce fort d'une nouvelle espèce
Qui jadis eut, vingt ans, bravé toute la Grèce :
Ce redoutable fort et son double contour
Pour les braves d'Autun sont l'affaire d'un jour!
Au milieu de la ville est une vaste place
Contournée à peu près en forme de besace :
On la nomme *le Champ*. Tout à l'extrémité,
Vis à vis du Sénat ² est ce fort si vanté :
Il regarde de biais la Cave des miracles, ³
Souterrein où Bacchus rend encore ses oracles.
Ce fort est un quarré, flanqué de quatre tours,
Dont les murs verdoyants et renaissants toujours
Sont un double tissu d'épine et de branchages,
Ensemble entrelacés avec tous leurs feuillages,
Haut d'un saut de cabri. Tels, au temps des moissons,
Sont clos les halliers où paissent les moutons;

1. Contempler.
2. L'hôtel de ville.
3. Sur la *Cave des miracles*, voir plus haut, p. 103.

En vain, tout à l'entour, le loup frémit de rage :
De pénétrer dedans il n'a pas le courage.
L'Autunois est plus brave, et sans craindre la mort
Il affronte en plein jour ce redoutable fort.
Mais de bourgeois choisis une troupe nombreuse
N'en rendra-t-elle pas la conquête douteuse?
Voici tout le détail de ce siège fameux :
On peut compter sur moy [1], j'ai tout vu de mes yeux.
Dès que l'homme de fer, comptant sur sa cuirasse,
En brave, d'assez loin, a reconnu la place,
Montandé, l'investit, et, sans perdre de temps,
Pour un premier assaut fait ses arrangemens.
Car ouvrir la tranchée et se cacher sous terre [2]
Ne fut jamais, dit-on, d'usage en cette guerre.
Le soldat Autunois, ennemi des longueurs,
S'élance et de la mort méprise les horreurs.
Des trompettes déjà le son se fait entendre,
Signal pour attaquer, signal pour se défendre.
Assiégeans, assiégés, par un horrible cri,
De concert à l'instant se donnent le défi.
De part et d'autre on tire : une épaisse fumée
Couvre, comme un brouillard, et le Champ et l'armée.
La mort s'apprête à faire une riche moisson;
Son attente est trompée [3] : on a tiré sans plomb.
Vers le fort cependant, d'une course rapide,
S'avance des dragons la cohorte intrépide.
Le château les soutient, et la hache à la main
Ils assiégeoient déjà les pieux du ravelin.
C'en étoit fait : déjà tous emportaient l'ouvrage,
Si l'on n'eut par malheur ralenti leur courage.
On présente la pique à ces audacieux,
Et le brave Moreau tombe presqu'à leurs yeux;
Du rampart épineux trop ardent il s'approche :
Au petit doigt, hélas! une épine l'accroche.
Ah, la méchante épine! Oh, le pauvre Moreau!
Il saigne et de frayeur il pleure comme un veau.
Quelle triste nouvelle à porter à sa femme!
On craint qu'à ce récit elle ne rende l'âme.

1. *Dessus.*
2. *En terre.*
3. *Frustrée.*

Ses braves compagnons brulent[1] de le venger :
Que de coups sur la haie ils allaient décharger,
Lorsque la garnison, faisant une sortie,
A grands coups de tricot leur en ôte l'envie;
Et flic, et floc et flon, Messieurs retirez-vous.
Par la fuite en effet ils évitent[2] les coups :
Préférans sagement une utile retraite
Au trop coûteux honneur d'être dans la Gazette.
A peine leur déroute est-elle sçue au camp
Pour un nouvel assaut on s'arme sur le champ.
De honte et de dépit on voit toute l'armée
A vanger cet affront noblement animée;
On veut mourir ou vaincre et forcer les ramparts,
Et les plus grands poltrons[3] sont autant de Césars.
Lorsque tout s'ébranlait, Raffatin en colère
S'écria : « Par la mort! Messieurs, laissez moy faire :
» Soutenu seulement de trois de mes garçons,
» Je marche aux ennemis et je vous en répons;
» Les lâches, ont-ils donc oublié mes prouesses?
» Je leur en ai donné si souvent dans les fesses :
» Ma seringue, Pierrot, prens moy ces lavemens,
» Ils les auront, morbleu, tout chauds et tout bouillans. »
A l'heure même, il part; pour lui prêter main forte,
Des grenadiers choisis on lui donne une escorte.
Il se présente au fort : loin de tourner le dos,
La garnison s'avance au-devant du héros,
Prête à le régaler de cent coups de bourades,
Et fait autour de lui ronfler les mousquetades.
La seringue des mains lui tombe de frayeur;
Tout l'air est infecté de l'horrible liqueur,
Se remettant enfin et reprenant courage :
« A moy, dit-il, à moy, grenadiers, faisons rage,
Donnons sur ces marauds. » On se mêle à l'instant
Avec d'horribles cris que du Champ l'on entend.
Tout marche, à ce signal, d'une ardeur incroyable :
Trompettes et tambours font un fracas du diable;

1. *Cherchent* à. — *Sont gens* à.

2. *Esquivent.*

3. *Et les moindres goujats.*

Sur l'ennemi commun on fond de tous côtés.
L'air retentit [1] partout des coups qui sont portés.
Feu partout; la fumée avec la poussière
En plein midi du jour éclipse la lumière.
Dans la nuit et l'horreur ensemble confondus
L'ami de l'ennemi ne se distingue plus.
On charge à l'aventure, on tombe pêle-mêle,
Les grenades en feu pleuvent comme la grêle,
Grillent la barbe à l'un, à l'autre les cheveux,
Ce n'est plus un combat, c'est un désordre affreux;
On diroit qu'en courroux, pour dépeupler la terre,
Tous les diables d'enfer ont soufflé cette guerre.
Ceux qui n'étoient venus que simples spectateurs
Sont contraints par les coups de devenir acteurs.
Quel tumulte, grands dieux! ce spectacle effroyable
Ne touchera-t-il pas votre cœur pitoyable?
Que vois-je? mes souhaits ont pénétré les cieux;
Un spectacle nouveau se présente à mes yeux :
Le combat cesse enfin, la fureur et l'audace
Expirent dans leurs cœurs; la terreur prend la place :
Assiégeans, assiégés, tout fuit au même instant
Et regagne à la hâte et le fort et le camp.
L'Autunois, revenu de sa frayeur mortelle,
Se rengage aux honneurs d'une attaque [2] nouvelle.
Après le double affront qu'il vient de recevoir,
Il ne prend plus conseil que de son désespoir.
L'attaque est générale, et déjà la trompette
Annonce à l'ennemi sa prochaine défaite.
L'ennemi cependant, enflé de ses succès,
Sort de ses murs, s'avance aussi fier que jamais.
On fait pour le forcer venir l'artillerie;
Six gros canons d'un pied sont mis en batterie :
On les braque; leur charge est d'un bon quarteron,
Et jusqu'à la gueule ils sont remplis de son.
On tire : quel fracas! tout le quartier en tremble,
Les feuillages du fort sont agités ensemble;
Tous les petits enfans en sont épouvantés,
Et les chiens et les chats courent de tous côtés.
L'ennemi seul résiste et bravant la tempête
Enfonce en cet endroit, en cet autre fait tête,

1. *L'air au loin retentit.*
2. *D'une action.*

Présente le bâton, la fourche et le mousquet :
On se pousse et repousse, on se prend au collet;
Coups de poings, coups de pieds, et durant la mêlée
On voit de toute part mainte tête pelée,
Sans chapeau, sans perruque, et mille serpentaux
Viennent des combattans ajuster les museaux :
Cheveux, habits, tout brûle, et noirs comme des diables
Le feu qui les poursuit les rend plus formidables.
Le nombre enfin prévaut. Lasse de batailler,
La garnison s'épuise[1] et commence à plier.
Raffatin à l'excès pousse alors son audace,
Il presse les fuyards, il entre[2] dans la place :
Le fort est pris : victoire! honneur à nos guerriers!
Les voilà, pour un an, couronnés de lauriers.
Ainsi finit d'Autun toute la mascarade,
Et chacun au souper court à la débandade.

X

ARISTODEME

ELU ROY DE CRETE

PIECE DRAMATIQUE ALLEGORIQUE,

QUI SERA REPRESENTÉE PAR LES RHETORICIENS

du Collège d'Autun de la Compagnie de JESUS

POUR L'ENTRÉE

DE MONSEIGNEUR L'ILLUSTRISSIME ET REVERENDISSIME

CHARLES FRANÇOIS D'HALENCOURT

DE DROMESNIL

EVESQUE D'AUTUN,

COMTE DE SAULIEU, BARON DE LUCENAY,

Président né et perpetuel des Estats de Bourgogne

Le 19 Aoust 1711, à 2 heures après midy.

A Autun chés JACQUES GUILLIMIN Imprimeur de la Ville
et du Collège.

---

1. Recule.
2. Saute.

TIMANDRE
PROLOGUE DE BERGERS.
ARGUMENT.

Il y avoit deja long-tems que Timandre, après avoir reçû le sceptre pastoral se faisoit attendre dans la contrée [1]. Les Bergers impatiens, avoient envoyé vers luy Mirtil pour presser son départ. Ce Berger qui a pris les devants fait avertir tous les autres de se trouver dans la maison de Timandre pour le recevoir. Il en vient d'abord deux à qui il se plaint de la lenteur des autres, mêlant par tout les loûanges de Timandre. Peu après les autres Bergers arrivent, et après avoir rendu raison de leur retardement, disputent entre eux à qui marquera le plus d'amour à Timandre, et à qui le louëra mieux. Enfin chacun declare quel present il veut faire à l'aimable Maitre qui leur vient.

ACTEURS DU PROLOGUE.

MIRTIL	PIERRE MAIRE	d'Autun.
DAMON	GABRIEL SAUTEREAULT	d'Autun.
DAPHNIS	CHARLES GARNIER	d'Autun.
PALEMON	NICOLAS DUPRE'	d'Autun.
LICIDAS	GEORGE DE SIVRY	d'Autun.
TYRSIS	JAQUES LAGUILLE	d'Autun.
AMYNTAS	SIMON DUPRE'	d'Autun.

LA Sceine est dans la maison de Timandre.

ARISTODEME ROY DE CRETE
ARGUMENT.

Idomenée Roy de Crete, ayant tué son propre fils pour accomplir le vœu qu'il avoit fait en revenant du siege de Troye, avoit été obligé d'abandonner son Royaume. Les sages de Crete qui se trouvoient alors dans la Ville capitale, declarerent, après avoir consulté les livres de Minos, que celuy-là seroit reconnu pour Roy, qui montreroit le plus de valeur et le plus d'adresse, à la Lutte, aux combats du Ceste, et aux courses de Chariots, et outre cela qui répondroit le plus sagement aux questions qu'on luy feroit, suivant les Loix de Minos. Telemaque qui se trouvoit dans l'Isle de Crete, avec Minerve sous la forme de Mentor, ayant été invité à combattre, et en ayant obtenu permission

---

[1]. Allusion au long espace qui s'écoula entre la nomination de M. d'Halencourt au siège d'Autun, le 10 juillet 1710, et son entrée solennelle qui eut lieu seulement le 15 août 1711.

de Mentor, le fit avec tant de succez, qu'il demeura par tout victorieux. Dans l'incertitude où il étoit s'il pourroit jamais retourner à Ithaque, il auroit bien voulu garder la Couronne, qu'il venoit d'acquerir : Mais Mentor luy reproche son ambition, et son indifference pour Ithaque, et l'engage à sortir de la Crette. Les Cretois demandent un autre Roy à Mentor, qui leur chosit Aristodeme, dont il a reconnu la vertu, et qu'il engage à accepter la Couronne. *Du 3. livre des avantures de Telemaque.*

La Scene est dans une Salle du Palais Royal de l'Isle de Crete.

PREMIER ACTE.

Phœnix raconte à Hippomaque Prince du sang Royal, le triste départ d'Idomenée. Hippomaque en témoigne sa douleur, et en même tems déclare à Phœnix, qu'il pretend ce jour la même monter sur le Trône dù à sa naissance. Ensuite le Prince seul se felicite du succez de son entreprise. Il est interrompu par Telemaque qui déplore le malheur d'Idomenée, et auquel il déclare son dessein, en luy demandant son secours. Dictis jeune Cretois represente à Hippomaque la temerité de son dessein. Celuy-cy s'emporte et tuëroit Dictis s'il n'étoit arrêté par Telemaque. Hippomaque sort, et Dictis explique à Telemaque comment on choisit les Rois de Crete. Mentor vient apprendre à Telemaque qu'Ulisse a paru sur les côtes de Crete, et arrête ce jeune Prince que son ardeur emporte pour aller chercher son pere. Aristodeme vient de la part des Cretois, inviter Telemaque et Mentor à assister aux combats, ou à prendre la Couronne. Le sage Mentor la refuse, et promet de demeurer encore le reste du jour : il laisse Telemaque seul, qui se plaint de la dépendance où on le tient, Dictis revenant veut engager Telemaque à abandonner Mentor, et à combattre pour la Couronne. On vient les avertir qu'on va commencer les combats.

SECOND ACTE.

Aristodeme félicite Mentor des succez de Telemaque. Mentor luy fait ensuite diverses questions pour le connoître mieux, principalement sur la Royauté qu'il veut luy procurer. A quoy Aristodeme répond qu'il est content de sa fortune. Hippomaque vient demander à Mentor s'il est vray que Telemaque ne doive point regner. Mentor après avoir répondu, sort, et laisse Hippomaque avec Phœnix, auquel il raconte combien la fortune luy a esté contraire. Dictis venant chercher Telemaque est arrêté par Hippomaque qui le prie d'oublier ce qui s'est passé. Dictis seul s'entretient sur cette basse démarche, jusqu'à ce que Telemaque arrive avec le sage Mentor. Celui-ci excite d'abord Telemaque à se découvrir à luy sur les sentiments que luy a inspiré sa victoire. Telemaque ici fait une description de ses malheurs passez, et de ceux qui le menacent; ce qui fait connoître au sage Mentor ses dispositions. Enfin quand il les a bien connuës, il luy fait les reproches les plus touchants, qui font changer Telemaque de resolution; Mentor luy donne le reste du jour pour voir ses Amis. Dictis hors de luy même consent au départ de Telemaque, auquel il s'étoit toûjours opposé.

TROISIE'ME ACTE.

Les Cretois informez du dessein de Mentor luy envoyent Nausicrates, pour le prier du moins de leur donner un Roy à la place de Telemaque. Le sage Mentor explique ce qu'il faut rechercher dans un Roy, et dit enfin qu'il ne connoît personne plus digne de regner qu'Aristodeme; il envoye Nausicrates le chercher. Telemaque ayât apris que son pere avoit paru vers le port, vient tout transporté le dire à Mentor, qui arrête son ardeur par ses sages avis, et luy dit ensuite d'aller se disposer à revoir son pere, qu'il le suivra sur le champ. Nausicrates amene Aristodeme, auquel Mentor déclare qu'il est choisi Roy. Aristodeme s'en defend avec force. Mentor le quitte comme pour aller trouver Telemaque. Aristodeme marque à Phœnix combien il craint la Royauté, il ajoûte qu'il n'a que le desir des Vertus qui font un grand Roy. Hippomaque déchu de ses pretentions, se plaint amerement de la Fortune. A la fin cependant il se jette aux pieds d'Aristodeme. Telemaque revient, au desespoir d'avoir perdu Mentor, et demande qu'on luy permette de l'attêdre en ce lieu. Icy l'on entend un grand bruit, qui redouble ensuite. En même temps on voit paroître Minerve qui a quitté la forme de Mentor, et qui déclare avec majesté à Telemaque, à Aristodeme, et à Hippomaque la volonté des Dieux.

NOMS ET PERSONNAGES DES ACTEURS.

MINERVE, sous la figure de Mentor, qu'elle quitte à la fin, EMILIEN BONNARD,   d'Arnay-le-Duc.

TELEMAQUE, fils d'Ulysse, PHILIB. GARNIER DU POURIOT,   d'Autun.

ARISTODEME, élu Roy de Crete, JEAN BAPT. POUGAULT, de Moulins-en-Gilbert

HIPPOMAQUE, Parent d'Idomenée, MELCHIOR POULIN,   de Mont-cenis.

DICTIS, jeune Cretois de qualité, amy de Telemaque, HUGUES CONTAULT,   d'Autun.

PHOENIX, Guerrier Confident d'Hippomaque, JEAN BAPTISTE GONDIER, de Dienne.

NAUSICRATES, Sage de la Crete, CLAUDE JARRY,   de Saulieu.

EPILOGUE.

Réunion de la Gloire avec la Vertu en faveur de Monseigneur l'Evêque d'Autun.

LA VERTU,   GABRIEL SAUTEREAULT,   d'Autun.
LA GLOIRE,   GEORGE DUPRE' DE GUIPPY,   d'Autun.

Danseront après le Prologue.

GEORGES DUPRE' DE GUIPY,	d'Autun.
PIERRE MAIRE,	d'Autun.
GABR. SAUTEREAULT,	d'Autun.
JACQUES LAGUILLE,	d'Autun.
GEORGES DE SIVRY,	d'Autun.

Danseront entre les Actes ou à la fin.

MYON Maitre de Danse.	
EMILIEN BONNARD,	d'Arnay-le-Duc.
GEORGE DUPRE' DE GUIPY,	d'Autun.
NICOL. DE ROUSSILLON DE VILLY,	d'Autun.
GEORGES DE SIVRY,	d'Autun.
CLAUDE DU CHEMIN,	d'Autun.
PHILIB. GARNIER DU POURIOT,	d'Autun.
JACQUES LAGUILLE,	d'Autun.
PIERRE MAIRE,	d'Autun.
JEAN BAPT. POUGAULT,	de Moulins-en-Gilbert.
GABR. SAUTEREAULT,	d'Autun.

Ce qui suit se chante en triol immediatement après le troisième Acte.

LES CRETOIS PARLENT.

Celebrons ce grand jour :
Celebrons, celebrons une Feste si belle,
Et que nos chants en portent la nouvelle
A tous les Pays d'alentour.

C'est Jupiter, c'est ce Dieu formidable
Qui s'est laissé desarmer ;
Et peu content d'estre si redoutable
Il veut se faire aimer.

O Minerve sçavante ! O Guerriere Pallas !
En faveur des Cretois vous venez sur la terre,
Qu'en mille lieux on vous revére :
Que ne vous devons-nous pas ?

Fuyez, fuyez avec vitesse,
Monstres prests à nous devorer ;
Craignez, craignez la valeur, la sagesse
Du grand Roy que Pallas vient de nous procurer.

Que nostre sort devient digne d'envie,
Que nos jours vont estre heureux,
Mais c'est trop peu d'une vie
Pour jouïr d'un bien si precieux !

Ciel, nous ne vous demandons plus rien,
Vos bienfaits égalent vôtre puissance.
Conservez seulement, conservez-nous le bien
Que nous tenons de vôtre bienveillance.

Qu'il vive donc pour nous, et qu'il vive Longtems
Ce Roy cheri des Dieux, ce Roy si respectable,
Que de Nestor il égale les ans,
Et que de plus en plus il nous devienne aimable.

Celebrons, etc.

Myon a composé les danses. [1]

1. Nous indiquons encore aux amateurs de l'ancien théâtre scolaire des Jésuites le programme suivant : « JEPTHÉ, *tragédie*, L'ESPRIT, *comédie*, seront représentés par les Ecoliers du Collège de Dijon le jour de la distribution solemnelle des prix fondés par M. de Berbisey, premier président au parlement de Dijon, les 4e et 7e jours d'aout 1752 à une heure après midi. A Dijon, de l'imprimerie de P. de Saint, seul imprimeur du Roi et du Collège. » A la suite se trouve le programme d'un autre exercice : « De amissa et restituta D. D. de Berbisey valetudine, scenæ dramaticæ; *les Bergers de Vantoux*, chanson pastorale. » In-4e de 19 pages.

NOTE

Nous avons dit plus haut que la tragédie historique, *Sanctus Leodegarius*, pouvait être placée approximativement entre 1655 et 1660, d'après le nom des jeunes gens qui avaient pris part à l'action. Voici la date de naissance de quelques-uns d'entre eux :

Pierre Darlay, né à Autun le 10 novembre 1640, fils de noble Nicolas Darlay, conseiller, puis lieutenant général au bailliage, et de Jeanne Potillon. Jean Grangier, né à Autun le 9 mai 1643, fils de Claude Grangier et d'Antoinette Pillot. André des Crots, septième enfant de François des Crots, chevalier, seigneur, baron d'Uchon et de Neuvy, et de Gabrielle Popillon du Riau, né vers 1640, religieux bénédictin du monastère de Saint-Pierre-le-Vif, au diocèse de Sens.

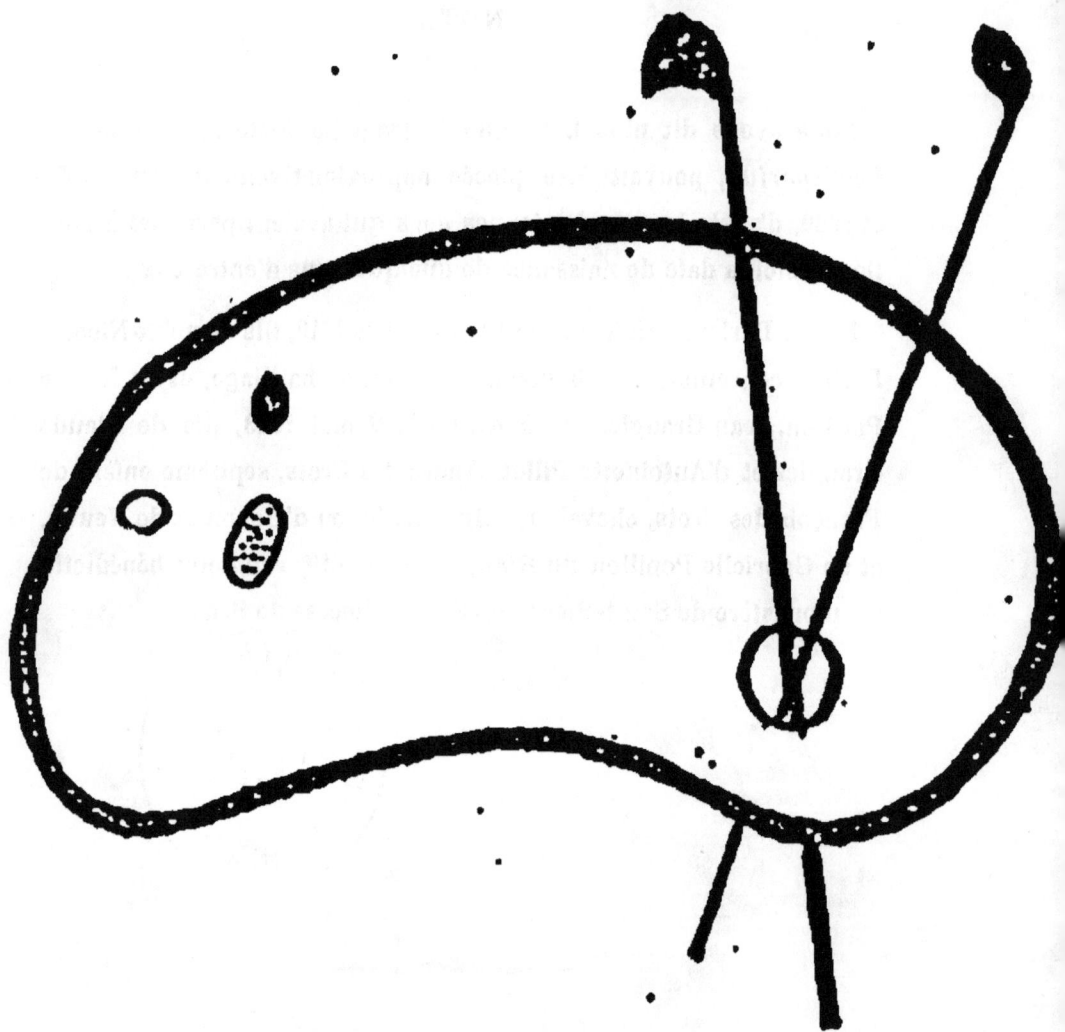

ORIGINAL EN COULEUR
NF Z 43-120-8

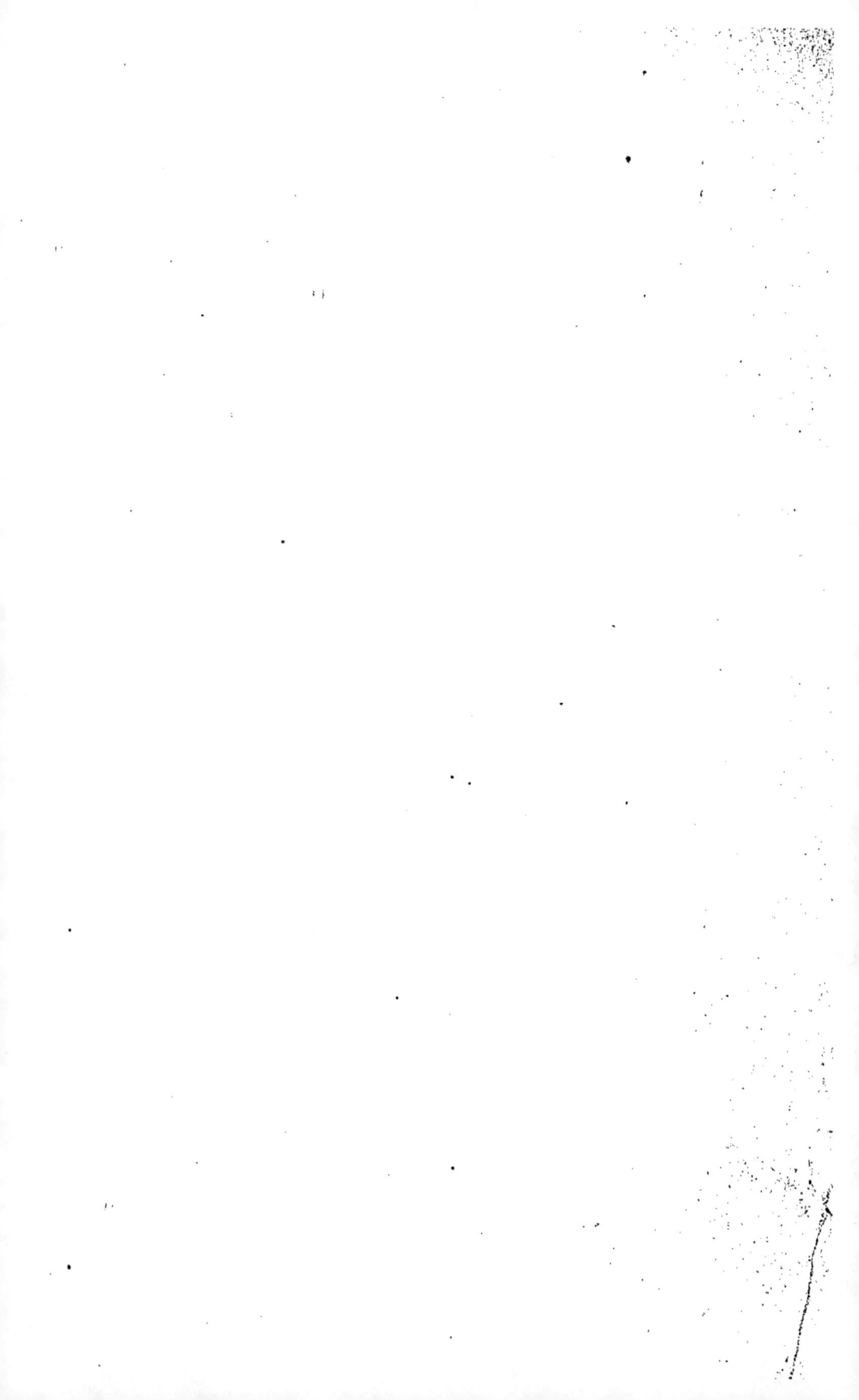

www.ingramcontent.com/pod-product-compliance
Lightning Source LLC
Chambersburg PA
CBHW072118090426
42739CB00012B/3012